PSICOLOGÍA DE LA EDUCACIÓN
Enseñanza y aprendizaje en Infantil y Primaria

PSICOLOGÍA DE LA EDUCACIÓN
Enseñanza y aprendizaje en Infantil y Primaria

María Teresa Navarro Gil, Javier Aceña Medina y Alberto Barceló Soler

PRENSAS DE LA UNIVERSIDAD DE ZARAGOZA

© María Teresa Navarro Gil, Javier Aceña Medina y Alberto Barceló Soler

© De la presente edición, Prensas de la Universidad de Zaragoza
(Vicerrectorado de Cultura y Patrimonio)
1.ª edición, 2025

Colección de Textos Docentes, n.º 331

Prensas Universitarias de Zaragoza. Edificio de Ciencias Geológicas, c/ Pedro Cerbuna, 12, 50009 Zaragoza, España. Tel.: 976 761 330
puz@unizar.es   http://puz.unizar.es

une   Esta editorial es miembro de la UNE, lo que garantiza la difusión y comercialización de sus publicaciones a nivel nacional e internacional.

ISBN 979-13-87705-35-0
Impreso en España
Imprime: Servicio de Publicaciones. Universidad de Zaragoza
D.L.: Z 1065-2025

1. Exploración de la psicología de la educación

1.1. Introducción a la Psicología de la educación

1.1.1. ¿Qué es la Psicología?

Etimológicamente, el término *psicología* proviene del griego: *psykhé* ('alma', 'esencia', 'actividad mental') y logos ('estudio', 'ciencia'). Por tanto, la psicología puede considerarse la «ciencia del alma». Sin embargo, esta definición no corresponde con el significado de Psicología actual. Aunque hoy en día, los/as psicólogos/as estarían de acuerdo en afirmar que la psicología es la ciencia que estudia el comportamiento y los procesos mentales de los individuos, esta definición general no abarca la profundidad o lo apasionante de esta disciplina. La psicología pretende comprender y explicar cómo los seres humanos perciben, aprenden, recuerdan, sienten, resuelven problemas y se relacionan con otras personas, desde el nacimiento hasta la muerte (Morris y Maisto, 2005).

1.1.2. Concepto y objeto de estudio de la Psicología de la Educación

La Psicología de la Educación es una disciplina que se ha constituido progresivamente mediante las aportaciones de diferentes teorías de la psicología científica por parte de psicólogos/as y pedagogos/as. Por un lado, puede ser considerada una disciplina psicológica, ya que su objeto de estudio son los procesos psicológicos y, por otro, una disciplina educativa ya que dichos procesos son consustanciales al ámbito educativo.

Por ello, la Psicología de la Educación es definida como la rama de la psicología que se encarga de estudiar y entender los procesos de enseñanza y aprendizaje mediante los cambios comportamentales que se producen en el aula, y las variables que influyen en ellos. Es decir, estudia al aprendiz que aprende, la manera en qué lo hace y los elementos que afectan a la adquisición del aprendizaje y las formas de mejorarlos (Coll, 2001).

De esta manera, destacan dos grandes áreas abordadas por la Psicología de la Educación y que son el fundamento de esta rama de conocimiento:
1. Los cambios comportamentales que se producen debido al aprendizaje que tiene lugar en el ámbito educativo. Por ello se estudian teorías que explican dichos procesos de aprendizaje tales como el conductismo, el cognitivismo y el constructivismo.

2. Las variables que tienen relación con estos procesos de aprendizaje pueden ser intrapersonales como la capacidad intelectual, la motivación, las estrategias de aprendizaje o el autoconcepto, e interpersonales como la relación entre estudiantes, alumno/a-profesor/a y el clima de clase.

1.1.3. Problemas disciplinares

La conceptualización de la Psicología de la Educación se ha visto afectada por diferentes aspectos que han dificultado el desarrollo de su identidad propia: 1) su origen tiene lugar como una disciplina puente entre la psicología y la educación, 2) no existe consenso entre los principales expertos respecto a si es un saber básico o aplicado, 3) se ha basado en una variedad de modelos sobre los que construye sus conocimientos y 4) ambigüedad y complejidad en su objeto y contenidos. A continuación se explica cada uno de estos puntos (Sampascual, 2007):

1. Disciplina puente entre la psicología y la educación
La Psicología de la Educación se presenta como una disciplina intermedia entre la psicología y la educación. Esta posición intermedia supone una de las principales dificultades para su conceptualización, ya que para los/as psicólogos/as constituye un saber psicológico mientras que para los/as pedagogos/as su fuente de conocimiento pertenece al ámbito de las ciencias de la educación.
Esta consideración de la Psicología de la Educación como disciplina puente hace que su objeto fundamental de estudio sea la explicación de los procesos educativos mediante principios y modelos teóricos que provienen de la psicología.

2. ¿Saber básico o aplicado?
Otro problema al que se enfrenta la Psicología de la Educación es su consideración como disciplina básica o disciplina aplicada. Es decir, si es una aplicación de la psicología general a la educación (aplicada) o es una ciencia en sí misma (básica) independiente de la psicología general con sus propias teorías y métodos de investigación.
La posición más extendida ha considerado a la Psicología de la Educación una rama de la psicología que se encarga de aplicar principios psicológicos generales a las situaciones educativas y, que, de forma más específica, se ha sustentado en conocimientos de la Psicología General para la comprensión de los procesos educativos relacionados con el aprendizaje.
También existen posiciones que defienden la conceptualización de la Psicología de la Educación como una disciplina independiente y diferenciada de la psicología, cuyo origen se encuentra en las actividades relacionadas con los

ambientes educativos y cuya investigación se centra en los procesos de enseñanza-aprendizaje que tienen lugar dentro del aula.

Una posible solución para resolver el enfrentamiento ante dichos planteamientos es considerar ambas posiciones complementarias y no excluyentes. Tal y como postula Ausubel (1978), la Psicología de la Educación parte de la psicología general, pero tiene un desarrollo independiente, con una generalidad menor pero una relevancia y aplicabilidad a la educación mayor.

3.   Variedad de modelos

Las diferentes formas de entender esta rama del conocimiento han favorecido la adopción de distintos modelos explicativos procedentes de otras disciplinas. Según Beltrán (1984), los principales modelos han sido el comportamental, el cognitivo y el interaccionista.

Del modelo comportamental surge el condicionamiento operante de Skinner (1953) basado en el principio fundamental de que la frecuencia de una conducta depende de sus consecuencias y de que las conductas reforzadas tienden a repetirse. Con el modelo cognitivo la mente adquiere un protagonismo relevante para la explicación del comportamiento humano. Y con el modelo interaccionista, Glaser (1973) plantea una interacción continua entre el desarrollo de la ciencia y la tecnología, es decir, el conocimiento teórico y su aplicación, como fundamento de la Psicología de la Educación.

4.   Objeto y contenido de la Psicología de la Educación

Tal y como se ha expuesto anteriormente, el objeto principal de la Psicología de la Educación es la conducta que surge en el ámbito educativo. Esta conceptualización resulta tan genérica que los expertos no encuentran consenso en cuáles deberían ser sus contenidos y su ámbito de aplicación.

No queda claro si esta disciplina debe limitarse al aprendizaje que sucede en el aula o abordar también situaciones educativas informales que contemplen a las familias. Autores como Ausubel defienden una posición restrictiva de la educación limitando su campo de estudio a las variables que influyen en el resultado y la evaluación del aprendizaje que se realiza en el aula (Ausubel, 1968; Ausubel *et al.*, 1978). Sin embargo, otros autores contemplan la necesidad de estudiar las prácticas educativas que se producen en interacción con las familias y no únicamente las que tienen lugar en el aula. El desacuerdo entre ambos planteamientos contribuye a que acotar la identidad de la Psicología de la Educación sea una tarea difícil (Coll, 1990). En cuanto a los contenidos, tampoco existe consenso acerca de cuáles son los más importantes para el desarrollo de un proceso educativo eficaz. William

James destacó la atención, la memoria, el interés, la voluntad, el hábito y la conciencia. Actualmente, se considera que los cuatro campos con mayor relevancia para la práctica educativa son la psicología del aprendizaje, la psicología del desarrollo, la psicología de la personalidad y la psicología social.

Indudablemente, la Psicología de la Educación debe centrarse en el estudio del proceso enseñanza-aprendizaje que sucede dentro del aula, pero es necesario adoptar un enfoque abierto que contemple los procesos de aprendizaje que tengan lugar fuera de este ámbito también, ya que de ambos escenarios (dentro y fuera del aula) depende la educación de los individuos.

1.1.4. Antecedentes históricos de la Psicología de la Educación

Desde sus inicios, el ser humano ha reflexionado sobre el sentido de la vida, la muerte y la espiritualidad. La adquisición de conocimientos siempre ha estado presente en su desarrollo por lo que la educación ha jugado un papel indispensable.

Durante la época de *Platón* (427-347 a. C.) no existía una ciencia de la educación todavía. Platón estableció las bases del cognitivismo según el cual la conducta humana se encuentra determinada por lo cognitivo (teoría psicológica que será desarrollada durante la década de 1950 y 1960 adquiriendo un protagonismo relevante). Defendió que el objetivo de la educación es el paso de la ignorancia a la sabiduría, tal y como puede verse representado en su famosa obra *la República* Donde es presentado el «Mito de la caverna», una metáfora sobre el conocimiento. En esta metáfora explica la existencia de dos mundos: el mundo sensible (captado mediante los sentidos) y el mundo inteligible (conocimiento puro sin intervención de los sentidos). En sentido figurativo, los seres humanos nos encontramos desde que nacemos encadenados en una caverna considerando las sombras que vemos reflejadas en la pared como una realidad. Sin embargo, cuando nos liberamos de las cadenas y salimos de la caverna, accedemos al mundo inteligible donde se adquiere el verdadero conocimiento.

Aristóteles (384-322 a. C.) defendió que la educación es una obligación del Estado con todos sus ciudadanos y que se encuentra formada por dos facultades, la razón y la voluntad, cuya misión fundamental es el desarrollo de la capacidad intelectual y la adquisición de hábitos.

Wilhelm Wundt (1832-1920) fundó el primer laboratorio experimental de psicología en 1879, en Alemania, que permitió establecer las bases de la psicología científica. Utilizó el método experimental para investigar el funcionamiento de la mente y del comportamiento humano. Gracias a sus aportaciones la psicología fue establecida como disciplina por lo que, a menudo, es considerado el «padre de la psicología». En 1884, un estudiante suyo, *G. Stanley Hall* (1844-1924) fundó el primer laboratorio de psicología experimental en EE. UU. de América que contribuyó a la expansión de esta disciplina por todo el mundo. Hall impartió conferencias para maestros sobre diferentes problemas educacionales adquiriendo una gran repercusión y destacó por promover el desarrollo de la Psicología Educativa y la creación de la American Psychological Association (ΛΡΛ). Actualmente, es considerado uno de los principales pioneros de la psicología infantil.

William James (1842-1910) escribió en 1880 el primer libro sobre esta disciplina titulado *Principios de Psicología*. Impartió conferencias para docentes de todo el país sobre la aplicación de la psicología en la educación, denominadas «Pláticas de Psicología para Profesores». Defendió con gran fervor la necesidad de estudiar los procesos de enseñanza y aprendizaje mediante la observación en el aula y no únicamente en el contexto del laboratorio. Entre sus principales recomendaciones destaca enseñar al alumnado conocimientos que se encuentren en un nivel ligeramente superior a lo que ya sabe para estimular sus mentes.

John Dewey (1859-1952) creó en 1894 el primer laboratorio de Psicología Educativa en Chicago. Planteó que el alumnado aprende mejor haciendo y de manera activa (learning by doing) en lugar de forma pasiva y mediante la repetición como se creía hasta ese momento. Consideró que, además de enseñar conocimientos académicos, es necesario que el alumnado aprenda a pensar por sí mismo y sepa adaptarse al mundo que le rodea. Y defendió que todas las personas en la niñez tienen derecho a recibir una educación competente con independencia de su sexo, raza o nivel socioeconómico, cuando a finales del siglo XIX la educación de calidad se reservaba para los hijos de las familias más pudientes.

Edward Lee Thorndike (1874-1949) postuló la necesidad de que la Psicología Educativa se sustente en evidencia científica, sea evaluable y medible. Además, fue quien acuñó oficialmente el término «Psicología de la Educación» y publicó la obra *Educational Psychology* en la que diferenciaba la Psicología de la Educación de la Pedagogía y de la Psicología General. Por otro lado, fundó la revista *Journal of Educational Psychology* en 1910 y fue el precursor del «conductismo» (estudio observable de la conducta mediante la asociación entre estímulos y respuestas). Realizó relevantes aportaciones al estudio de la inteligencia y explicó cómo lo aprendido se transfiere a otras situaciones.

A pesar de este desarrollo inicial, la Psicología Educativa progresó principalmente a partir del movimiento de educación progresista existente a principios del siglo XX. Sin embargo, el impacto de la Gran Depresión de 1929 provocó que a lo largo de los años treinta y hasta mediados de los cuarenta, fueran pocos investigadores los que tuvieran recursos suficientes para llevar a cabo estudios empíricos en este campo de conocimiento, dándose un enlentecimiento de los avances científicos en dicha área.

Sin embargo, sucesos que afectaron al mundo en general, como la Segunda Guerra Mundial, el incremento de la tasa de natalidad acontecido una vez finalizada dicha guerra, la realización de reformas educativas en diferentes países y el aumento de la atención dirigida a los niños y a las niñas con discapacidad, cambiaron el *statu quo* del campo de la investigación dentro de la Psicología de la Educación.

Es entonces, a partir de la década de los cincuenta, cuando la psicología educativa volvió a experimentar una evolución gracias al desarrollo de nuevos paradigmas como el condicionamiento operante y la psicología cognitiva. Posteriormente, durante los años sesenta y setenta, los estudios de investigación se enfocaron en tratar de dilucidar cómo se produce el desarrollo cognitivo de las personas y, por ende, el aprendizaje. Finalmente, a lo largo de estos últimos años, la investigación que se está llevando a cabo dentro de la Psicología de la Educación se ha orientado hacia el objetivo cuyo fin es tratar de comprender la manera en que los factores socioculturales incluyen en el proceso de aprendizaje (Pressley y Roehrig, 2003).

1.1.5. Enseñanza eficaz

La eficacia del profesorado en su ámbito docente va a repercutir significativamente en el resultado académico del alumnado y en la propia valía y satisfacción personal que el/la profesional tiene de sí mismo/a.

Para desarrollar una enseñanza eficaz es necesario sentir motivación y pasión por lo que se transmite y desarrollar una serie de cualidades personales y profesionales enfocadas al ámbito docente. Elementos como actitudes empáticas hacia el alumnado, la gestión y el control del grupo, la organización de las clases, los estilos de enseñanza y el dominio de la materia, influirán en los resultados obtenidos por parte del estudiantado. De esta manera, el profesorado competente es aquel que:

- Tiene un adecuado conocimiento de la materia, sabe cómo organizar las ideas y relacionar unos conceptos con otros (Eby *et al.*, 2011).
- Es capaz de estimular la mente de los niños y de las niñas, despertando su interés y curiosidad por el mundo (Bonney y Sternberg, 2011; Lawson, 2010).
- Fomenta la construcción del conocimiento significativo, en lugar de uno memorístico y pasivo, mientras guía el proceso de aprendizaje (Johnson, 2010).
- No improvisa las clases. Invierte mucho tiempo en planificar qué y cómo enseñar para alcanzar los objetivos previstos (Anderman y Dawson, 2011).

- Tiene una profunda comprensión del desarrollo de los niños y de las niñas y sabe elaborar material educativo apropiado para cada nivel de desarrollo (Bredekamp, 2011).
- Dispone de estrategias suficientes para mantener un clima positivo en el aula, fomentar la cohesión en el alumnado y manejar las conductas inadecuadas.
- Posee buenas habilidades comunicativas para hablar con las familias y el alumnado. Utiliza un estilo comunicativo principalmente asertivo (Stewart, 2009).
- Tiene en cuenta las diferencias individuales del alumnado (como características de personalidad, motivaciones y capacidades intelectuales) para organizar las clases, ya que no todos los niños y las niñas aprenden al mismo ritmo ni del mismo modo (Martínez, 2010).
- Atiende de manera adecuada la diversidad en el aula siendo probable que existan aprendices con altas capacidades y otros con diferentes tipos de discapacidades (Darragh, 2010; Friend, 2011).
- Favorece la integración del alumnado de orígenes culturalmente diversos y responde de manera sensible a sus necesidades (Bennett, 2011).
- Utiliza adecuados procesos de evaluación. Fomenta la evaluación continua, ofreciendo retroalimentación del desempeño al alumnado (Drummond y Jones, 2010).
- Utiliza diferentes recursos didácticos e integra el uso de las nuevas tecnologías de manera apropiada en el aula (Newby *et al.,* 2011).
- Continúa formándose durante toda la vida (Em, Nun y Phann, 2021).

En resumen, para garantizar una enseñanza eficiente, es fundamental asumir el compromiso de aplicar en el aula cada uno de los elementos mencionados de manera constante a lo largo de toda la carrera profesional.

1.1.6. Diseño Universal para el Aprendizaje (DUA)

El Diseño Universal para el Aprendizaje (DUA) es una estrategia educativa creada por el *Center for Applied Special Technology* (CAST). Está basado en las investigaciones sobre el aprendizaje, la neuropsicología y la tecnología para adaptar la enseñanza a las necesidades individuales de todos/as los/as estudiantes, y tiene como objetivo principal tener en cuenta en el diseño inicial del currículo a todo el estudiantado para no tener que realizar adaptaciones posteriores.

La crítica principal del modelo DUA es que muchos currículos están diseñados para una mayoría homogénea del estudiantado, excluyendo a aquellos que no encajan en este molde. Esta realidad implica que los objetivos y los materiales estén preparados y diseñados para la mayoría, haciendo que el aprendizaje sea más complicado para la minoría. El DUA resalta que estos currículos rígidos crean barreras para el aprendizaje, afectando especialmente a estudiantes con capacidades excepcionales o discapacidades (alumnos/as situados en los «extremos»), pero además afirma que los/as estudiantes promedio también podrían verse perjudicados. Para solucionar esto, el DUA sugiere flexibilidad en los objetivos, métodos, materiales y evaluaciones, basándose en estudios sobre cómo el cerebro aprende y aprovechando la tecnología digital (Pastor, Sánchez y Zubillaga, 2014).

El marco práctico del DUA incluye tres principios fundamentales que orientan su aplicación en las aulas, y que se sustentan en el conocimiento derivado de la neurociencia y su combinación con la aplicación de los recursos digitales. A continuación, se exponen dichos principios fundamentales (CAST, 2011):

-   Principio I: Ofrecer múltiples formas de representación (el «qué» del aprendizaje)

Este principio enfatiza la necesidad de proporcionar diferentes maneras de representar la información que se debe aprender, ya que los/as estudiantes varían en cómo perciben y entienden el contenido. Aquellos con discapacidades sensoriales, dificultades de aprendizaje o diferencias culturales pueden necesitar métodos distintos. Además, el uso de múltiples formas de representación mejora el aprendizaje y la conexión de conceptos, destacando la importancia de ofrecer opciones diversas para todos/as los/as estudiantes.

-   Principio II: Ofrecer múltiples formas de acción y expresión (el «cómo» del aprendizaje)

El estudiantado, además, tiene distintas formas de interactuar con el entorno de aprendizaje y de demostrar su conocimiento. Aquellos con problemas motrices graves, dificultades en habilidades estratégicas y organizativas, o barreras lingüísticas abordan el aprendizaje de maneras variadas. Algunos se expresan mejor por escrito, otros de forma oral. Debido a que la acción y la expresión requieren estrategias, práctica y organización, es fundamental ofrecer múltiples opciones para expresar aquello que están aprendiendo, pues no hay un único método eficaz para todos los/as estudiantes.

-   Principio III: Ofrecer múltiples formas de implicación (el «por qué» del aprendizaje)

Considerando que el factor emocional desempeña un papel fundamental en el proceso de aprendizaje, es importante tener en cuenta que los/as estudiantes difieren en su motivación e implicación, tanto inter- como intrapersonalmente, debido a diferentes factores como el nivel de desarrollo neurocognitivo, el entorno sociocultural, los intereses personales y los conocimientos previos, entre otros. De esta manera, mientras que algunos alumnos y alumnas se sienten motivados/as por la novedad y la espontaneidad, otros/as prefieren seguir una rutina fija. De igual forma, algunos/as se sienten más cómodos/as trabajando de manera individual y otros/as en equipo y colaboración. Dado que no existe un único método eficaz para todos los contextos, es esencial ofrecer varias alternativas de implicación favoreciendo el óptimo desarrollo educativo a cada estudiante.

En última instancia, el marco teórico-práctico DUA busca lograr que todo estudiante se convierta en un «aprendiz experto» consiguiendo que todos y cada uno de los alumnos y de las alumnas desarrollen las aptitudes asociadas a cada uno de los tres principios fundamentales:
- Principio I: Decididos y motivados.
- Principio II: Ingeniosos y conocedores.
- Principio III: Estratégicos y dirigidos a la meta.

1.2. La investigación en Psicología de la Educación

Todos los seres humanos creamos conocimiento a través de nuestras propias vivencias. A partir de lo que observamos, realizamos apreciaciones personales y generalizamos, pero a veces nos equivocamos y no somos totalmente objetivos con aquello que vemos y oímos.

En este sentido, las experiencias que adquieren los maestros y las maestras en el aula contribuyen a la mejora de su práctica profesional, sin embargo, dichas experiencias no siempre están exentas de sesgos ni de posibles prejuicios personales. Por ello, resulta necesario recurrir a fuentes de información procedentes de la investigación para examinar la situación sobre un tema específico de manera fidedigna y fiable (McMillan y Schumacher, 2010; McMillan y Wergin, 2010).

A este respecto, la investigación en Psicología de la Educación se centra en comprender cómo las personas aprenden y cómo se pueden mejorar los procesos de enseñanza y aprendizaje. Utiliza métodos científicos para estudiar una amplia gama de fenómenos relacionados con la educación, desde el desarrollo cognitivo y emocional de los estudiantes hasta las estrategias pedagógicas y el entorno educativo.

1.2.1. Métodos de investigación

Para realizar una investigación científica, es necesario recabar información. Cuando se desea investigar si una serie de dibujos animados promoverá actitudes agresivas o sexistas en los niños y en las niñas, o evaluar con qué tipo de recompensas o estrategias educativas obtendrán mejores resultados académicos, se puede elegir entre diferentes métodos para poder evaluarlo (Plano Clark y Creswell, 2010).

Los tres métodos principales de investigación son el descriptivo, el correlacional y el experimental.

A) *Investigación descriptiva*

Tiene como objetivo observar y registrar un comportamiento. Por ejemplo, determinar qué conductas agresivas se producen en un aula o entrevistar al profesorado para conocer sus aptitudes sobre el uso de nuevas tecnologías implantadas en clase. Los informes descriptivos suelen estar formados por respuestas a entrevistas, resultados de encuestas, registros en vídeo o audio, etc. Este tipo de investigación no determina lo que causa un fenómeno, pero puede aportar información relevante sobre el comportamiento de los demás (Stake, 2010). Existen diferentes tipos de métodos para desarrollar la investigación descriptiva:

– *Observación*

La observación sistemática es una técnica científica que registra comportamientos y situaciones que son observables siguiendo una serie de pasos establecidos. Para ello, se requiere saber qué se desea investigar, realizar observaciones de manera válida y confiable, registrar y clasificar la conducta observada con exactitud y transmitir las observaciones con eficacia. Para realizar registros observacionales es necesario anotar y comunicar sin sesgos aquello que se observa (Langston, 2011; McBurney y White, 2010). Las anotaciones pueden realizarse mediante la utilización de taquigrafía o símbolos. También puede ser útil utilizar grabadoras o cámaras de vídeo.

Las observaciones pueden realizarse en laboratorios, es decir, en entornos controlados, o pueden ser naturalistas, donde se observa la conducta de los niños y de las niñas en su ambiente real, como en parques o recreos (Babbie, 2011). Puede ser observación participante cuando el propio investigador/a forma parte del contexto que desea estudiar y, al mismo tiempo, observa y toma notas de lo que ha visto.

- *Entrevistas y cuestionarios*

Es una manera rápida y eficaz de obtener información. Pueden utilizarse para conocer opiniones, experiencias y sentimientos del alumnado y del profesorado. Es importante que tanto entrevistas como cuestionarios se encuentren bien estructurados, con preguntas claras, directas y concretas, y que contemplen alguna medida de evaluar la veracidad de las respuestas. Generalmente, las entrevistas suelen realizarse en persona, aunque también pueden hacerse por teléfono o internet, y los cuestionarios suelen ser entregados a las personas de interés para que los cumplimenten. Una de las principales limitaciones en este tipo de recogida de datos es la tendencia a dar respuestas socialmente aceptadas (Babbie, 2011).

- *Test estandarizados*

Los test estandarizados son pruebas normalizadas que permiten evaluar distintas áreas del estudiantado como el cociente intelectual, el desempeño, la personalidad, las habilidades o las aptitudes (Bart y Peterson, 2008). Estas pruebas permiten comparar estas áreas del alumnado con otros de la misma edad, a partir de una base nacional, y proporcionan resultados de investigación en los cuales psicólogos y orientadores pueden apoyarse para tomar decisiones sobre situaciones particulares que puedan aparecer en el aula (Drummond y Jones, 2010).

- *Estudios de caso*

Consiste en investigar en profundidad a una persona. Se emplean cuando las circunstancias personales del individuo no pueden duplicarse, por motivos prácticos o éticos. Estudiar la manera en la que un/a profesor/a planifica sus clases o las dificultades de aprendizaje de un/a niño/a en el aula, sería un ejemplo. La principal limitación de los estudios de caso es que los hallazgos encontrados no suelen ser susceptibles para análisis estadísticos, ni pueden generalizarse al resto de la población por tratarse de un único individuo (Leary, 2008).

- *Estudios etnográficos*

Implican el análisis y la interpretación de acontecimientos que ocurren de manera natural en un grupo étnico o cultural. A menudo, se tratan de estudios a largo plazo (Plano Clark y Creswell, 2010).

- *Grupos focales*

Consiste en entrevistar a un grupo de personas sobre un tema de interés. Los grupos suelen estar formados por cinco a nueve participantes a quienes se les formula preguntas abiertas que generan un debate. Los grupos focales pueden utilizarse, por ejemplo, para evaluar los beneficios de una nueva metodología educativa implementada en el aula.

B) *Investigación correlacional*

Las investigaciones correlacionales se utilizan para medir dos variables (se pueden incluir más) y describir la relación entre ambas. Cuanto más fuerte es la correlación entre dos variables, más fácil es predecir una a partir de otra. Sin embargo, la existencia de correlación no implica causalidad (Caldwell, 2010). Por ejemplo, si una investigación revela que la presencia de jardines en los colegios y el rendimiento académico están correlacionados, esto no necesariamente implica causalidad. Puede existir otra variable, como la riqueza comunitaria, que sea la causa tanto de la presencia de jardines como del rendimiento académico (Woolfolk, 2014). Las correlaciones van de 1 a −1. Cuanto más cerca esté la correlación de 1.00 o de −1.00, más fuerte será la relación. Sin embargo, una correlación de 0 significa que no existe relación entre las variables. Las correlaciones pueden ser positivas cuando ambas variables aumentan o disminuyen de forma simultánea. Por ejemplo, cuanto más tiempo estudia el alumnado, mejores calificaciones obtiene; y cuanto menos tiempo dedica al estudio, peores son sus resultados. Las correlaciones son negativas cuando al aumentar una variable la otra disminuye. Por ejemplo, si un coche incrementa su velocidad, tarda menos tiempo en llegar a su destino; en cambio, si disminuye su velocidad, tarda más.

C) *Investigación experimental*

La investigación experimental permite a los/as psicólogos/as establecer causas y efectos introduciendo cambios y observando los resultados en diferentes grupos de participantes que son comparables. Los experimentos están formados por una variable independiente y otra dependiente. La variable independiente es aquella que el/la investigador/a introduce y manipula para observar si existe un cambio en la dependiente. La variable dependiente es la que el investigador desea medir en un experimento para determinar si la independiente ha producido cambios. Imaginemos que queremos evaluar si un programa de prevención de acoso escolar disminuye las conductas agresivas en el aula. En este caso, el programa de prevención es la variable independiente que el/la investigador/a manipula e introduce para evaluar si existen cambios en las conductas agresivas en el aula, es decir, en la variable dependiente.

En los experimentos suelen existir al menos dos grupos:
- Grupo experimental: son los/as participantes que reciben la modificación o variación que creemos que es la causa de la conducta (variable

independiente). En el ejemplo anterior, serían los niños y las niñas que reciben el programa de prevención de acoso escolar.
- Grupo control: son los/as participantes de características similares que no reciben la variable independiente y cuyos resultados son comparados con el grupo experimental para determinar si el programa de prevención de acoso escolar ha sido eficaz reduciendo conductas violentas.

Para garantizar que los/as participantes de ambos grupos son similares, se lleva a cabo un proceso de aleatorización donde cada aprendiz es asignado al azar a uno de los grupos. Este procedimiento ayuda a evitar sesgos y a garantizar que los resultados obtenidos no sean debidos a diferencias intergrupales preexistentes (Stangor, 2011).

1.2.2. Líneas y tópicos de investigación de la Psicología Educativa

Los principales tópicos de investigación de la Psicología Educativa son:
- *Investigación sobre variables personales:* Los principales constructos de interés incluyen los conocimientos previos que los alumnos y las alumnas, las habilidades de procesamiento, la autorregulación del aprendizaje, la motivación y el componente conativo.
- *Investigación sobre el proceso de aprendizaje y su transferencia:* Se requiere de investigaciones adicionales sobre como los/as aprendices construyen sus conocimientos, los utilizan y transfieren a otros ámbitos del académico.
- *Investigación sobre la interacción profesorado/estudiantado:* Coll (1995) afirma que es necesario investigar cómo influye el profesorado en la construcción del aprendizaje del alumnado para contribuir a mejorarlo y potenciarlo mediante su acción educativa.
- *Investigación sobre la actividad docente:* La mayor parte de la investigación se ha centrado en las causas que producen el éxito o el fracaso estudiantil, pero es necesario investigar cómo mejorar la actividad docente en sí misma (Gotzens, 1995).
- *Investigación sobre nuevas tecnologías:* Resulta relevante reflexionar sobre el papel que juega el uso de las nuevas tecnologías en la educación y continuar investigando sus efectos beneficiosos en el alumnado, especialmente en aquellos que padecen necesidades educativas especiales (Seoane, 1995).

- *Investigación sobre la diversidad:* Es necesario investigar la multiculturalidad y las diferencias étnicas, de género o raza, dentro de nuestros modelos y garantizar la integración.

Referencias bibliográficas

ANDERMAN, E. M., y H. DAWSON (2011). Learning and motivation. En P. A. Alexander y R. E. Mayer (eds.), *Handbook of research on learning and instruction*. Routledge.

AUSUBEL, D. P. (1968). *Educational psychology: A cognitive view*. Holt, Rinehart and Winston. (Trad. esp.: Trillas, 1976).

AUSUBEL, D. P., J. NOVAK y H. HANESIAN (1978). *Educational psychology: A cognitive view*. Holt, Rinehart and Winston. (Trad. esp.: Trillas, 1983).

BABBIE, E. R. (2011). *The basics of social research* (5th ed.). Cengage.

BART, W. M., y D. P. PETERSON (2008). Stanford-Binet test. En N. J. Salkind (ed.), *Encyclopedia of educational psychology*. Sage.

BELTRÁN, J. (1984). *Psicología Educacional*. UNED.

BENNETT, C. I. (2011). *Comprehensive multicultural education* (7th ed.). Allyn & Bacon.

BONNEY, C., y R. J. STERNBERG (2011). Learning to think critically. En P. A. Alexander y R. E. Mayer (eds.), *Handbook of research on learning and instruction*. Routledge.

BREDEKAMP, S. (2011). *Effective practices in early childhood education*. Merrill.

CALDWELL, S. (2010). *Statistics unplugged* (3rd ed.). Cengage.

CAST (2011). *Universal Design for Learning Guidelines version 2.2.* <https://udlguidelines.cast.org/more/downloads#v2-0>

COLL, C. (1990). Psicología y educación: aproximación a los objetivos y contenidos de la Psicología de la Educación. En C. Coll, J. Palacios y A. Marchesi (comps.), *Desarrollo psicológico y educación, II. Psicología de la Educación* (pp. 15-30). Alianza.

COLL, C. (1995). Elementos para el análisis de la práctica educativa. En C. Genovard, J. Beltrán y F. Rivas (eds.), *Psicología de la Instrucción III. Nuevas perspectivas*. Síntesis.

COLL, C. (2001). *Psicología de la Educación*. Alianza.

DARRAGH, J. C. (2010). *Introduction to early childhood education: Equity and inclusion*. Merrill.

DRUMMOND, R. J., y K. D. JONES (2010). *Assessment procedures for counselors and helping professionals* (7th ed.). Prentice Hall.

EBY, J. W., A. L. HERRELL y M. L. JORDAN (2011). *Teaching in elementary school: A reflective action approach* (6th ed.). Allyn & Bacon.

EM, S., N. NUN y S. PHANN (2021). Qualities, personal characteristics, and responsibilities of qualified teachers in the 21st century. *Cambodian Journal of Educational Research,* 1 (2), 49-63.

FRIEND, M. (2011). *Special education* (3rd ed.). Merrill.

GLASER, R. (1973). Educational psychology and education. *American Psychologist, 29*, 557-566.

GOTZENS, C. (1995). En busca de metodologías alternativas para el estudio del comportamiento docente: el recurso autobiográfico. En C. Genovard, J. Beltrán y F. Rivas (eds.), *Psicología de la Instrucción, III. Nuevas perspectivas*. Síntesis.

JOHNSON, A. P. (2010). *Making connections in elementary and middle school social studies*. Sage.

LANGSTON, W. (2011). *Research methods laboratory manual for psychology* (3rd ed.). Cengage.

LAWSON, A. E. (2010). *Teaching inquiry science in middle and secondary schools*. Sage.

LEARY, M. R. (2008). *Introduction to behavioral research* (5th ed.). Pearson.

MARTÍNEZ, M. E. (2010). *Learning and cognition: The design of the mind*. Merrill.

McBURNEY, D. H., y T. L. WHITE (2010). *Research methods* (8th ed.). Cengage.

McMILLAN, J. H., y S. SCHUMACHER (2010). *Research in education: Evidence-based inquiry* (7th ed.). Merrill.

McMILLAN, J. H., y J. F. WERGIN (2010). *Understanding and evaluating educational research* (4th ed.). Merrill.

MORRIS, C. G., y A. A. MAISTO (2005). *Introducción a la psicología*. Pearson Educación.

NEWBY, T. J., D. STEPICH, J. LEHMAN, J. D. RUSSELL y A. T. LEFT WICH (2011). *Educational technology for teaching and learning* (4th ed.). Allyn & Bacon.

PASTOR, C., J. M. SÁNCHEZ y A. ZUBILLAGA (2014). *Diseño Universal para el Aprendizaje (DUA). Pautas para su introducción en el currículo*. <http://www.educadua.es/doc/dua/dua_pautas_intro_cv.pdf>.

PLANO CLARK, V. L., y J. W. CRESWELL (2010). *Understanding research: A consumer's guide*. Allyn & Bacon.

PRESSLEY, M., y A. ROEHRIG (2003). Educational psychology in the modern era: 1960 to the present. En B. J. Zimmerman y D. H. Shunk (eds.), *Educational psychology: A century of contributions* (pp. 333-366). [Proyecto de la División 15 (Psicología educativa) de la American Psychological Association]. Erlbaum.

SAMPASCUAL, G. (2007). *Psicología de la Educación (tomo I)*. UNED.

SEOANE, J. (1995). Perspectivas sociales y políticas de la educación en el final de siglo. En C. Genovard, J. Beltrán y F. Rivas (eds.), *Psicología de la instrucción III. Nuevas perspectivas*. Síntesis.

STANGOR, C. (2011). *Research methods for the behavioral sciences* (4th ed.). Cengage.

SKINNER, B. F. (1953). *Science and human behavior*. Macmillan. (Trad. esp.: Trillas, 1981).

STAKE, R. E. (2010). *Qualitative research*. Guilford Press.

STEWART, J. (2009). *Bridges not walls: A book about interpersonal communication* (10th ed.). McGraw-Hill.

WOOLFOLK, A. (2014). *Psicología educativa* (11.ª ed.). Prentice-Hall.

2. Aprendizaje: enfoque conductista del aprendizaje

2.1. Introducción

2.1.1. ¿Qué es el aprendizaje?

Cuando un/a niño/a monta en bicicleta por primera vez se siente inseguro/a, no es capaz de mantenerse estable ni de poder avanzar tan siquiera un par de metros solo/a. Sin embargo, poco a poco, adquirirá las destrezas necesarias para poder hacerlo y cuando esto suceda podrá montar en bicicleta en cualquier momento de su vida. El responsable de este fenómeno es el aprendizaje.

Por tanto, podemos definir el aprendizaje como la capacidad de adquirir conocimientos, conductas o pensamientos a través de la experiencia con el entorno (Mayer, 2008). Pero ¿todo es aprendido? Lo cierto es que no. Pensemos en una situación común: caminamos despistados y cruzamos por un paso de cebra sin mirar, y un coche que se aproxima hacia nosotros frena bruscamente para no atropellarnos. ¿Qué sucede? Nuestro cuerpo reacciona de manera sobresaltada. ¿Lo elegimos nosotros?, ¿es aprendido? Se trata de una conducta innata que realiza el ser humano para protegerse, al igual que cuando nos encontramos ante cualquier peligro.

Según lo expuesto, pueden destacarse tres elementos fundamentales del aprendizaje (Schunk, 2008):
1. Supone un cambio conductual, es decir, la adquisición o supresión de una conducta. Puede producirse de manera consciente o inconsciente, así como implicar una mejora o un empeoramiento.
2. El cambio debe ser duradero en el tiempo.
3. Surge producto de la experiencia o la práctica, es decir, mediante la interacción de la persona con el entorno. Por tanto, los cambios que son producidos debido a la maduración no son considerados aprendizaje.

El alcance del aprendizaje es amplio y es uno de los objetivos principales de la psicología de la educación. Esto se debe a que los maestros y las maestras continuamente enseñan a aprender a sus estudiantes en clase. Pueden distinguirse, principalmente, dos enfoques del aprendizaje: el conductista y el cognitivo.

2.1.2. Enfoque conductista y enfoque cognitivo del aprendizaje

Las *teorías conductistas* defienden que la conducta debe explicarse mediante experiencias observables. Se entiende por conducta todo aquello que hacemos, cualquier respuesta observable que pueda verse o escucharse. El conductismo interpreta el aprendizaje como resultado de asociaciones entre estímulos y respuestas que un sujeto establece de manera pasiva. Su principal limitación fue prescindir de la mente como objeto de estudio por no poder observarse directamente (Shanks, 2009).

Desde este enfoque, todo aprendizaje se produce mediante condicionamiento, que puede dividirse en dos categorías: condicionamiento clásico y condicionamiento operante. En el apartado 2.2 y 2.3 se explicarán en detalle.

Los *modelos cognitivos* defienden que las respuestas no se producen únicamente por la presencia de estímulos sino también a partir de procesos mentales. En este sentido, el aprendizaje consiste en la modificación de estructuras cognitivas y procesos mentales internos que no se ven, tales como el pensamiento, los sentimientos o el recuerdo. La conducta observable sería, por tanto, tan solo un posible resultado de su manifestación.

La psicología cognitiva le otorga a la mente un papel protagonista en la actividad psicológica. En el conductismo el sujeto era un agente pasivo que simplemente establecía conexiones entre estímulos y respuestas. Desde el punto de vista de la psicología cognitiva el sujeto adquiere un papel activo, ya que construye la información, planifica y ejecuta las respuestas mediante diferentes procesos mentales. La relevancia de este enfoque se mantiene actualmente y es el pilar fundamental de muchas teorías que explican el aprendizaje (Schwartz *et al.*,2002).

2.2. Condicionamiento clásico

El condicionamiento clásico es un tipo de aprendizaje producido por la *asociación entre estímulos*. Explica el aprendizaje de respuestas emocionales y fisiológicas que surgen de manera automática e involuntaria, por ejemplo, el miedo, la sudoración o la salivación. El condicionamiento clásico fue descubierto por el fisiólogo ruso Ivan Pavlov, cuyas investigaciones fueron ampliamente difundidas en 1927. Posteriormente, B. Watson aplicó y popularizó estos principios en el estudio del comportamiento humano desde 1925 (Woolfolk, 2014).

Pavlov se encontraba investigando el reflejo de salivación de los perros cuando observó que estos no solo salivaban al ser alimentados, sino también al oler la comida o al percibir que era el momento de recibirla. Este hecho hizo que Pavlov se plantease si otro tipo de estímulos, por ejemplo, un sonido o una luz, podrían provocar también la salivación.

En su experimento, Pavlov llamaba a los perros con una campana antes de darles de comer. Ante la presencia de la comida, los perros salivaban, pero tras varias repeticiones presentando la campana junto a la comida, los perros comenzaron a salivar también solo ante el sonido de la campana. A este fenómeno se le denomina *condicionamiento clásico* (véase figura 2.1).

Los conceptos básicos utilizados en el condicionamiento clásico son los siguientes: estímulo incondicionado (EI), respuesta incondicionada (RI), estímulo condicionado (EC) y respuesta condicionada (RC). A continuación se define el funcionamiento de cada uno de estos estímulos y su utilización en el experimento de Pavlov (Santrock, 2019):

- El estímulo incondicionado (EI) es aquel que, de manera innata, es decir, no aprendida, genera una respuesta en el organismo de manera regular y medible. *Por ejemplo: La comida de los perros de Pavlov*
- La respuesta incondicionada (RI) es una respuesta no aprendida y natural que surge ante la presencia del estímulo incondicionado. *Por ejemplo: La salivación que se producía en los perros ante la comida.*
- El estímulo neutro (EN) es aquel que, por sí mismo, no produce una respuesta en el organismo. *Por ejemplo: La campana de Pavlov antes de ser asociada a un estímulo.*
- El estímulo condicionado (EC) es el estímulo, originalmente neutro, que tras ser presentado en repetidas ocasiones junto al estímulo incondicionado es capaz de generar una respuesta similar a este. *Por ejemplo: El sonido de la campana es el estímulo condicionado. Antes de iniciarse el experimento, el sonido no genera la respuesta de salivación. Sin embargo, tras presentarlo junto a la comida en repetidas ocasiones, la campana adquiere la capacidad de provocar la salivación.*
- La respuesta condicionada (RC) es una respuesta aprendida que emite el organismo ante un estímulo tras haberse producido el emparejamiento entre el estímulo incondicionado (EI) y el estímulo condicionado (EC). Generalmente, esta respuesta suele ser más débil que la respuesta incondicionada (RI). *Por ejemplo: La salivación que producen los perros de Pavlov en presencia del sonido de la campana como consecuencia de la asociación entre el EI y el EC.*

La condición fundamental del condicionamiento clásico es la contigüidad temporal entre el estímulo neutro y el estímulo incondicionado, lo que significa que ambos estímulos deben presentarse a la vez, y durante un número de repeticiones suficientes para producir el condicionamiento.

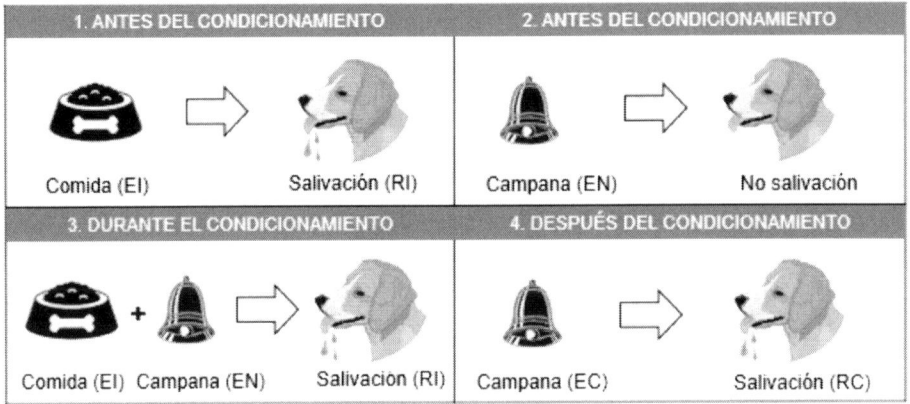

FIGURA 2.1. Condicionamiento clásico de Pavlov. Elaboración propia.

2.2.1. Principios o leyes del condicionamiento clásico

Existen diferentes principios del condicionamiento clásico que pueden ayudar a entender mejor el funcionamiento del mismo. Estos son: generalización, discriminación y extinción (Pearce y Hall, 2009).

- *Generalización:* Después de asociar el sonido de la campana con la comida, Pavlov observó que, ante otro tipo de sonidos, como un silbido, también los perros producían la salivación. Además, cuanto más se parecía el sonido al del estímulo condicionado (la campana), más fuerte era la respuesta de salivación. Aunque el silbido no había sido condicionado, debido a su similitud con la campana producía una respuesta similar. Esto quiere decir que, si un perro está condicionado para salivar ante el tono de la campana, también lo hará ante sonidos semejantes, pero no ante aquellos que sean muy diferentes.
- *Discriminación:* Para producir la discriminación, Pavlov enseñó a los perros que solo recibirían comida tras tocar la campana, y no ante otro tipo de estímulo. Con el tiempo, los perros empezaron a diferenciar los tonos y solo salivaban ante el de la campana. Es decir, la discriminación se produce cuando los organismos aprenden a responder ante ciertos estímulos y no a otros.
- *Extinción y recuperación espontánea:* La extinción ocurre cuando una respuesta o conducta reforzada deja de serlo y, en consecuencia, deja de

aparecer o lo hace en menor frecuencia. Esto conlleva el debilitamiento de la respuesta condicionada en presencia del estímulo condicionado. Por ejemplo, cuando la campana se presentaba en repetidas ocasiones sin la comida, la respuesta de salivación de los perros disminuía con el tiempo y eventualmente desaparecía. Sin embargo, un condicionamiento que ha sido extinguido puede reaparecer de nuevo tras cierto tiempo de descanso. Pavlov demostró esto cuando, tras haber extinguido la conducta de salivación de los perros volvió a presentarles, días después, el sonido de la campana y salivaron de nuevo. Este fenómeno se llama recuperación espontánea y sugiere que la RC no se extingue por completo.

2.2.2. Condicionamiento clásico en humanos

J. B. Watson, fundador de la Escuela Psicológica Conductista en 1913, sostenía que podía lograr cualquier objetivo que se propusiera en un niño o en una niña, con independencia de su inteligencia, habilidades o raza. Watson consideraba que la conducta podía ser explicada mediante condicionamiento y rechazaba la importancia de la mente. Intentó demostrar que los hallazgos descritos por Pavlov también podían extrapolarse a los seres humanos, utilizando bebés como sujetos de estudio.

Su experimento más conocido fue el del «pequeño Albert», un bebé de 11 meses al que condicionó para tener una respuesta de miedo ante un ratón blanco, que previamente le había gustado. Cada vez que aparecía el ratón, se presentaba un fuerte sonido que alarmaba a Albert. Con el tiempo, la simple presencia del ratón era suficiente para hacer llorar al bebé. Además, cuando Albert veía un estímulo similar al ratón, como un conejo, un perro o incluso un abrigo de piel, la respuesta de miedo aprendida se había generalizado para cualquiera de ellos. El experimento duró alrededor de un año, y Albert, que al principio era un bebé tranquilo sin miedos, comenzó a asustarse fácilmente ante una gran variedad de estímulos. La fase final del experimento consistía en revertir el condicionamiento, es decir, en «descondicionar» los miedos previamente adquiridos, sin embargo, esto nunca se llevó a cabo (Díaz y Hernández, 2012).

Aunque no se sabe con certeza que ocurrió con Albert, una publicación aseguró que el niño murió cuando tenía 6 años debido a una hidrocefalia congénita. Este experimento es uno de los más famosos en la historia de la psicología, tanto por los hallazgos encontrados como por violar las principales normas éticas que hoy en día deben respetarse en toda investigación.

2.2.3. Condicionamiento clásico en la enseñanza

En el ámbito educativo, el alumnado puede experimentar sensaciones agradables o desagradables debido a asociaciones producidas mediante condicionamiento clásico (Chance, 2014). Por ejemplo, el olor de un perfume utilizado por una maestra querida puede evocar en los niños y en las niñas sensaciones de bienestar y seguridad. Sin embargo, el espacio destinado a la asignatura de educación física donde un o una estudiante sufre críticas y burlas de sus compañeros/as, puede suscitar sentimientos de tristeza y frustración en él o en ella.

En este sentido, el profesorado condiciona continuamente al alumnado para experimentar emociones agradables o desagradables hacia las clases, para sentirse seguros o inseguros ante los ejercicios, los exámenes o cuando se les pregunta en público (Sampascual, 2007). De esta manera, si el alumnado asocia la participación en clase con ser criticado o hacer el ridículo, sentirá inseguridad y miedo cada vez que tenga que hacerlo.

A este respecto, se puede ayudar a los niños y a las niñas a condicionar su experiencia con el colegio creando momentos placenteros. Por ejemplo, al llegar al centro y despedirse de los padres, podría sonar una canción de bienvenida que les guste, para que asocien la llegada con sentimientos de felicidad (Santrock, 2019). Dada la relevancia de este enfoque, es fundamental que el profesorado sea consciente de la influencia que puede ejercer mediante condicionamiento clásico, tanto de manera voluntaria como involuntaria, en el proceso y experiencia de aprendizaje de sus estudiantes, más allá de la mera transmisión del conocimiento.

2.3. Condicionamiento Operante

En el condicionamiento operante, también conocido como condicionamiento instrumental, la probabilidad de que se produzca una conducta depende de las consecuencias esperadas. Su principal antecedente fue E. Thorndike (1874-1949) siendo B. F. Skinner (1904-1990) (Skinner, 1953) el autor más relevante en el estudio del condicionamiento operante.

2.3.1. Antecedentes: Thorndike

Thorndike realizó diferentes investigaciones para estudiar la inteligencia animal mediante situaciones problema denominadas *cajas-problema*. Estas cajas eran jaulas de madera en las que un felino era encerrado y podía ver la comida situada en el exterior. Al principio, el gato realizaba un comportamiento azaroso para alcanzar la comida, como saltar, arañar o meter las pezuñas por los barrotes, sin éxito, hasta que, por casualidad, activaba un resorte que le permitía salir de la caja y acceder al alimento. En ensayos posteriores, el gato cada vez requería de menos tiempo y de menos acciones para acceder a la comida, hasta que finalmente lo conseguía de manera inmediata. Es decir, se había producido la asociación entre el estímulo y la respuesta (E-R) mediante un proceso de ensayo y error.

A partir de estos experimentos, Thorndike (1911) postuló las siguientes leyes del aprendizaje: la Ley del Efecto, la Ley del Ejercicio y la Ley de la Disposición.

- *Ley del Efecto:* Es la más importante formulada por este autor. Sostiene que una conexión entre un estímulo y una respuesta (E-R) se fortalece cuando es seguida de consecuencias satisfactorias y se debilita cuando va acompañada de consecuencias desagradables.
- *Ley del Ejercicio:* Establece que las conexiones se fortalecen cuanto más se practica la asociación *entre* un estímulo y una respuesta (E-R) y se debilitan conforme dejan de utilizarse.
- *Ley de la Disposición:* Postula que el aprendizaje solo es eficaz cuando las estructuras nerviosas que intervienen en el establecimiento de las conexiones entre un estímulo y una respuesta (E-R) están dispuestas para generar esas conexiones. Es decir, se aprende mejor cuando se está física, mental y emocionalmente preparado/a para ello.

2.3.2. Skinner y el condicionamiento operante

Como ya se ha comentado, el principal representante del condicionamiento operante fue Skinner. Este autor, al igual que el resto de conductistas, no tuvo en cuenta los procesos mentales para explicar la conducta, y defendió que el aprendizaje se produce mediante conexiones entre estímulos y respuestas. Sin embargo, estas conexiones se establecen de manera diferente entre el condicionamiento clásico y el condicionamiento operante. Skinner diferenció dos clases de conductas: *conducta respondiente y conducta operante* (Skinner, 1938).

- *Conducta respondiente (condicionamiento clásico)*: Es innata, refleja, producida de *manera* automática por los estímulos que la preceden. Esta conducta está formada por conexiones entre estímulos y respuestas, llamadas reflejos. La frecuencia de su ocurrencia depende de la frecuencia del estímulo que la provoca. El condicionamiento clásico defiende que toda conducta es respondiente, lo que presupone que existe siempre un estímulo que produce la respuesta.

– *Conducta operante (condicionamiento operante):* Es emitida de manera voluntaria por el organismo y la frecuencia de su ocurrencia está influenciada por las consecuencias que produce. Skinner defiende que la mayor parte de la conducta es operante.

Skinner realizó investigaciones con animales muy similares a las planteadas por Thorndike. A diferencia de los experimentos de Thorndike, que se centraban en estudiar respuestas operantes completas, en las «cajas de Skinner» se medían las tasas de respuesta que emitían los animales. Concretamente, sus experimentos consistían en generar situaciones en las que un animal recibía una recompensa tras realizar una conducta deseada; por ejemplo, cuando el animal accionaba una palanca caía una bolita de comida en un recipiente. El animal aprendía a presionar la palanca por azar, y cada vez que lo hacía correctamente, esta respuesta se consolidaba por la presencia de la bolita de comida que actuaba como recompensa. Estos experimentos permitieron observar cómo se produce la conexión entre estímulo y respuesta (E-R) en función de las consecuencias, lo que condujo al desarrollo del condicionamiento operante.

Tras sus observaciones, Skinner renombró la Ley del Efecto de Thorndike como «*Ley del Refuerzo*» y definió como refuerzo o reforzador a todo estímulo que aparece inmediatamente después de una respuesta y que incrementa la probabilidad de que esta se produzca.

2.3.3. Elementos básicos del condicionamiento operante

Para entender mejor el condicionamiento operante, a continuación se explican algunos conceptos clave:

Reforzamiento: Es el proceso mediante el cual se aplican refuerzos para fortalecer una conducta. Existen dos tipos principales: reforzamiento positivo y negativo, cuyo significado se detalla a continuación (Domjan, 2010):

– El *reforzamiento positivo* consiste en administrar un elemento gratificante cuando aparece la conducta *deseada*. Por ejemplo, permitir que un niño elija la actividad del día como recompensa por haber entregado sus deberes correctamente.

– El *reforzamiento negativo* supone la eliminación de un estímulo desagradable o aversivo si se presenta la conducta de interés. Por ejemplo, no mandar deberes si el alumnado *tiene* buena conducta en clase. No tener que hacer deberes (refuerzo negativo) pretende reforzar la conducta de comportarse bien en el aula.

Además de esta categorización, también los refuerzos pueden clasificarse según su naturaleza y el momento en que se aplican (Papalia y Wendkos, 1987):

- *Refuerzo inmediato*: Es aquel que se administra o aparece inmediatamente después de que suceda la conducta deseada.
- *Refuerzo retrasado:* Se trata del tipo de reforzamiento que se da posteriormente, siendo muy variable el tiempo que puede transcurrir entre la conducta y el refuerzo, pudiendo ser horas, días o años.
- *Refuerzo primario*: Son aquellos que adquieren su capacidad de actuar como refuerzo por estar directamente vinculados a la satisfacción de las necesidades biológicas y naturales del individuo. Por ejemplo, la alimentación, el contacto físico, el afecto y el sexo.
- *Refuerzo secundario:* A diferencia de los primarios, estos obtienen su condición de refuerzo gracias a que los individuos los han asociado con la consecución de los refuerzos primarios. Por tanto, se trata de una propiedad adquirida. Por ejemplo, las notas escolares, el dinero o la aprobación social.

Castigo: Un castigo, al contrario que el refuerzo, intenta eliminar o reducir las probabilidades de que una conducta se produzca. Existen dos tipos: castigo positivo y castigo negativo.

- *Castigo positivo:* Es la administración de un estímulo desagradable o aversivo tras una conducta *inadecuada*. Por ejemplo, un profesor manda deberes extra para casa por el mal comportamiento del alumnado en el aula. La realización de deberes extra es un estímulo desagradable que busca eliminar la mala conducta del estudiantado.
- *Castigo negativo:* Implica la eliminación de un estímulo agradable o positivo tras una conducta *que* se pretende suprimir. Por ejemplo, dejar de ver una película por mal comportamiento en clase. El castigo negativo es quitar la película; es decir, se aplica una sanción suprimiendo aquello que le agrada al alumnado para que aprenda a comportarse adecuadamente.

En definitiva, el castigo positivo consiste en administrar un estímulo aversivo, mientras que el castigo negativo consiste en retirar uno positivo. Su principal diferencia con el reforzamiento, tal y como ya se ha comentado, radica en que el castigo persigue eliminar o disminuir conductas no deseadas, mientras que el refuerzo intenta fomentar o aumentar conductas deseadas (véase la tabla 2.2).

	Reforzamiento Aumenta la conducta	Castigo Disminuye la conducta
Positivo (+)	Se presenta un estímulo agradable (algo bueno sucede). P. ej.: elogios, premios materiales, privilegios.	Se presenta un estímulo aversivo (algo malo sucede). P. ej.: mandar deberes extra.
Negativo (-)	Se suprime un estímulo desagradable (algo malo se elimina). P. ej.: la profesora no manda deberes.	Se suprime un estímulo positivo (algo bueno se elimina). P. ej.: suspender una excursión escolar, dejar sin recreo.

TABLA 2.2. Condicionamiento operante: Reforzamiento y castigo. Elaboración propia.

2.3.4. Programas de reforzamiento

Los programas de reforzamiento explican la manera en que puede presentarse el refuerzo tras la aparición de la conducta deseada e influyen en cómo se aprende y se mantiene la respuesta tras la presencia del refuerzo. Pueden ser intermitentes o continuos (véase la figura 2.3).

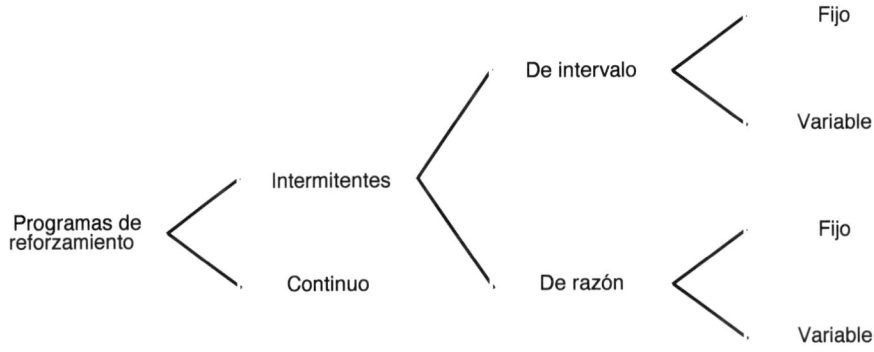

FIGURA 2.3. Programas de reforzamiento. Elaboración propia

Los programas intermitentes se clasifican según él intervalo de tiempo que sucede entre los reforzadores o la razón, es decir, el número de respuestas que tienen que producirse para que se presenten los reforzadores. Ambos pueden ser variables (impredecibles) o fijos (se sabe cuándo aparecen). A partir de estos parámetros existen cuatro programas de reforzamiento intermitente (Santrock, 2019) (véase la tabla 2.4):

- *Programas de intervalo fijo:* El reforzador aparece transcurrido un tiempo fijo tras la aparición de la *conducta* deseada. Por ejemplo, cada 10 minutos el profesor premia, mediante puntos u otra recompensa, al alumnado que no se levanta de su sitio.
- *Programas de intervalo variable:* El reforzador aparece transcurrido un tiempo variable tras la aparición de la conducta deseada. Por ejemplo, el niño o la niña hace deberes *durante* 5 minutos y su profesor le elogia. Después, continúa haciéndolos, pero el refuerzo no llega hasta el minuto 7, luego hasta el minuto 10, y así sucesivamente. El/la estudiante no sabe cuándo recibirá el próximo refuerzo.
- *Programas de razón fija:* El reforzador se presenta cuando la conducta deseada ocurre un número determinado de veces. Por ejemplo, si el/la estudiante realiza tres *ejercicios* obtiene un refuerzo (como un *gomet* o un tiempo extra de juego).
- *Programa de razón variable:* El reforzador se presenta cuando la conducta deseada se produce un número variable de veces desconocido por la persona. Por ejemplo, el/la estudiante podría recibir un refuerzo después de 3 respuestas correctas, luego *después* de 7, luego después de 5, etc. El número de respuestas necesarias para ganar el refuerzo cambia cada vez.

Los programas de reforzamiento continuo son aquellos en los que cada respuesta emitida es reforzada. Son los más eficaces para consolidar una conducta que está siendo adquirida por primera vez. Por ejemplo, cada vez que un niño o una niña levanta la mano antes de hablar, el profesor emite un reconocimiento verbal «¡Muy bien!».

Cuando la conducta ya ha sido aprendida, resulta más eficaz para su mantenimiento un programa de reforzamiento variable. En el aula resulta imposible reforzar todas y cada una de las conductas positivas del alumnado, sin embargo, estas se mantienen por reforzamiento variable, es decir, debido a la expectativa de que el refuerzo aparezca en algún momento. Siguiendo el ejemplo anterior, si el niño o la niña no sabe cuántas respuestas son necesarias para obtener el refuerzo, continuará realizando los ejercicios ante la expectativa de que la recompensa aparezca.

Este fenómeno también ocurre en los adultos en diversas situaciones. Por ejemplo, al jugar a las máquinas tragaperras, una persona a veces obtiene el premio y otras no, pero la posibilidad de ganar en cualquier momento mantiene la conducta de seguir jugando. Por esta razón, los programas de reforzamiento variable son los más difíciles de extinguir una vez que la conducta ha sido adquirida.

Por ello, los programas de reforzamiento fijo producen la extinción de la respuesta de manera más rápida, ya que el sujeto sabe en qué momento recibirá el premio. Son necesarias pocas presentaciones de la respuesta sin el reforzador positivo para aprender que la emisión de la misma ya no conlleva la consecuencia positiva esperada. Sin embargo, en los programas variables, no se puede predecir la aparición del reforzador, por lo que la expectativa de recibirlo se mantiene durante más tiempo hasta producir la extinción.

Programa	Definición	Ejemplo	Reacción cuando se detiene el reforzamiento
Continuo	Refuerzo después de cada respuesta.	El/la niño/a recibe un elogio cada vez que levanta la mano antes de hablar en clase.	Muy poca persistencia. Es el programa en el que se extingue más rápidamente la repuesta.
Intervalo fijo	Refuerzo tras un periodo de tiempo establecido.	Cada 10 minutos se premia al alumnado que permanece sentado en su sitio.	Poca persistencia. Extinción rápida.
Intervalo variable	Refuerzo tras periodos variables de tiempo.	El/La niño/a recibe un refuerzo tras un tiempo variable haciendo deberes.	Mayor persistencia Extinción lenta de la conducta.
Razón fija	Refuerzo tras aparecer la conducta un número fijo de veces	El/la estudiante recibe un refuerzo cada tres ejercicios realizados.	Escasa persistencia Extinción rápida
Razón variable	Refuerzo tras aparecer la conducta un número variable de veces	El/la niño/a recibe un refuerzo tras un número variable de respuestas emitidas correctamente	El mayor nivel de persistencia. Es el programa que produce la extinción de la conducta más lenta

TABLA 2.4. Programas de reforzamiento. Elaboración propia

2.4. Modificación de conducta en el aula

La modificación de conducta surgió en el campo de la psicología clínica para la educación y el tratamiento de niños y de niñas con discapacidades y de adultos en centros psiquiátricos. Con el tiempo, su aplicación se amplió al ámbito educativo, donde utilizarse para instaurar conductas adaptativas en el aula y reducir o eliminar aquellas que interfieren con el sistema educativo.

El profesorado ha utilizado constantemente métodos de modificación de conducta para mantener la disciplina en el alumnado, ya que aquellas conductas disruptivas que alteran el orden del aula imposibilitan o entorpecen el proceso de enseñanza-aprendizaje. Los procedimientos empleados en la modificación de conducta se basan en las ideas de Skinner y constan, según los expertos, de los siguientes elementos clave (Sampascual, 2007):

a) *Definir el objetivo*. El primer paso para modificar la conducta de un alumno o alumna en el aula es identificar la conducta que se desea modificar. Esta definición debe realizarse de forma explícita, clara y objetiva, describiendo la conducta en términos de respuestas observables y medibles.

b) *Establecer la línea base*. Una vez definida la conducta que será objeto del proceso de modificación, es necesario analizar su manifestación antes de implementar la intervención. El profesorado debe observar y registrar la conducta para establecer su frecuencia y duración habituales en el aula. Establecer la línea base servirá para evaluar, posteriormente, el impacto de la intervención.

c) *Planificar la intervención y determinar las técnicas que se van a utilizar*. Tras definir la conducta a modificar y establecer la línea base, el siguiente paso es diseñar un plan de intervención. Este plan debe incluir estrategias y técnicas de modificación de conducta que se ajusten a los objetivos planteados y a las características del alumnado, de modo que permitan alcanzar el resultado deseado.

d) *Evaluación de los resultados*. Finalizado el programa de intervención, es fundamental evaluar si se han cumplido los objetivos planteados en la fase inicial. Para ello, debe compararse la línea base de la conducta con su aparición actual. El resultado esperado es la desaparición o, al menos, la debilitación de la conducta no deseada.

2.4.1. Métodos de modificación conductual

Los métodos de modificación conductual en el aula persiguen dos objetivos principales; por un lado, incrementar las conductas deseadas y, por otro, debilitar o eliminar conductas no deseadas. Estos dos objetivos determinan la clasificación de los métodos de modificación de conducta (véase la tabla 2.5).

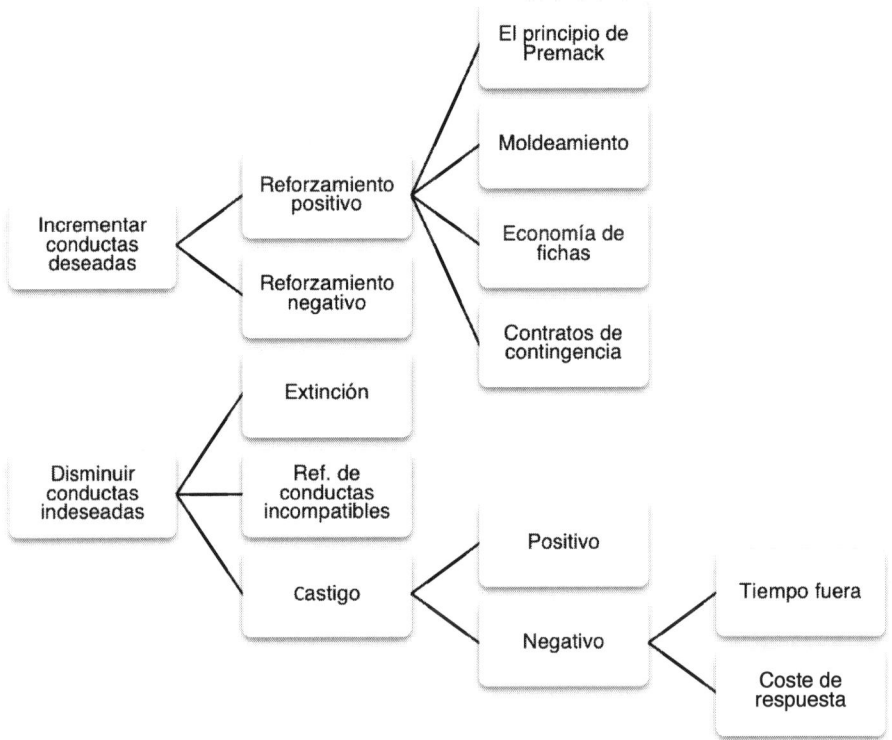

TABLA 2.5.: Principales métodos de modificación de conducta. Elaboración propia

2.4.1.1. Cómo aumentar las conductas deseadas

Tal y como se ha comentado anteriormente, según el condicionamiento operante, el principal método para aprender o incrementar conductas deseadas en el aula es mediante el reforzamiento positivo y el reforzamiento negativo.

A) *Reforzamiento positivo*. El reforzamiento positivo es un procedimiento fácil de usar y eficaz para los docentes, que ofrece claros beneficios. Para que sea efectivo, es necesario premiar las conductas de los/as estudiantes que se pretenden consolidar o incrementar. Sin embargo, a veces no se obtienen los resultados esperados porque es utilizado de forma poco sistemática o porque se refuerza, de manera equívoca, la conducta no deseada. Esto puede evitarse si se presta atención a los principios fundamentales para que el reforzamiento sea eficaz (Brengelman, 1975):

-   Conocer qué cosas le gustan al alumnado para personalizar los refuerzos. Para un/a estudiante puede ser realizar una actividad específica, para otro un elogio, etc.
-   Saber qué refuerzos han funcionado en el pasado.
-   Los reforzadores sociales (elogios o privilegios) son más aconsejables que los materiales (dinero o chucherías).
-   El reforzamiento debe administrarse de forma inmediata, siempre que sea posible.
-   Las conductas a reforzar deben ser claras y específicas. No deben reforzarse objetivos generales como «portarse bien» sino conductas concretas como no hablar con los compañeros, mantenerse en el sitio sin levantarse o prestar atención en clase.

Dentro del contexto escolar se destaca sobre todo uno de los refuerzos positivos más relevantes y prevalentes en el ámbito académico que debería conocer y saber aplicar el cuerpo docente: la atención del maestro o de la maestra. La atención y el reconocimiento del profesorado genera una importante influencia en el alumnado y suele aplicarse tanto consciente como inconscientemente. Resulta habitual que el/la maestro/a premie o elogie las conductas adecuadas en el aula e ignore las no deseadas. Sin embargo, para que el elogio funcione es necesario que sea creíble por la persona que lo recibe y administrado de manera contingente a la conducta que se pretende consolidar.

En particular, en las etapas de educación infantil y primaria, la atención del profesorado es una consecuencia especialmente valorada y de gran afecto para el alumnado (Woolfolk, 1987).

Dentro del marco del reforzamiento positivo, existen diversas técnicas efectivas, como el principio de Premack, el moldeamiento, la economía de fichas y el contrato de contingencia.

-   *El principio de Premack.* A veces el profesorado tiene dificultades para seleccionar estímulos que cumplan la función de reforzadores con sus estudiantes. Un procedimiento sencillo es el principio de Premack, denominado así por David Premack, que sostiene que una conducta de alta frecuencia (actividad preferida) puede reforzar una conducta con baja frecuencia (actividad poco preferida) (Premack, 1959, 1965). Es habitual que tanto padres como profesores hagan uso de este principio utilizando actividades que les gustan a los niños y a las niñas, como ver dibujos, con el objetivo de reforzar actividades menos preferidas, como hacer los deberes. Para ser aplicado de manera adecuada en el ámbito educativo, el/la maestro/a debe observar la conducta del alumnado e identificar que actividades prefieren y realizan con más frecuencia. Estas actividades servirán como reforzadores de las conductas que se pretendan aumentar.

- *Moldeamiento*. También denominado método de las aproximaciones sucesivas, es una técnica de reforzamiento que pretende conseguir la aparición de una conducta gradualmente que, de otro modo, sería difícil lograr. De esta manera, si un/a alumno/a nunca es reforzado porque no realiza las actividades de manera correcta, se sentirá desmotivado y dejará de esforzarse, llegando incluso a percibir el aula como un lugar desagradable. El moldeamiento consiste en fragmentar la conducta objetivo en pasos pequeños y consecutivos que conlleven habilidades sencillas que el/la estudiante sea capaz de realizar. El/la profesor/a reforzará cada una de estas aproximaciones sucesivas, mientras a su vez deja de reforzar los pasos previos, guiando al aprendiz de manera progresiva hacia la conducta meta. Para aplicar esta técnica de manera efectiva, es necesario tener en cuenta las siguientes fases (Krumboltz y Krumboltz, 1972):
  1. Reforzar cada subhabilidad presente.
  2. Reforzar las mejoras progresivas.
  3. Reforzar periodos de ejecución cada vez más largos.

- *Economía de fichas*. Es un método muy extendido y fácil de utilizar que consiste en administrar fichas o puntos a los niños y a las niñas cuando realizan conductas adecuadas. Estas fichas actúan como reforzadores y pueden canjearse posteriormente por objetos o premios acordados previamente. Este sistema debe aplicarse durante un periodo breve; generalmente, un mes es suficiente, aunque su duración puede variar según la edad y las conductas a trabajar. Para implementar de manera adecuada esta técnica es necesario tener en cuenta las siguientes condiciones (O'Leary y O'Leary, 1972):
  1. Definición de conductas meta. Es fundamental proporcionar instrucciones claras a los/as estudiantes especificando de manera precisa las conductas meta que serán recompensadas. Para ello, es importante tener en cuenta los siguientes criterios:
     - Número limitado de conductas: Se debe seleccionar un máximo de cinco o seis conductas, adaptadas a la edad de los/as estudiantes.
     - Adecuación al nivel de desarrollo: Las conductas deben estar en la zona de desarrollo próximo, es decir, ser alcanzables por los/as estudiantes.
     - Conductas operativizables y concretas: Se deben evitar términos generales como «portarse bien». En su lugar, es necesario describir

conductas específicas como «permanecer sentado durante la asamblea».

2. Seleccionar el tipo de ficha o puntos. Se debe elegir el tipo de fichas o puntos a utilizar. Pueden ser cartulinas de colores que representen diferentes valores, pegatinas o caritas sonrientes, según las preferencias de los/as estudiantes.

3. Acordar qué premios pueden obtenerse y cuántas fichas son necesarias para cada uno de ellos. Es importante definir qué premios pueden obtenerse y cuántas fichas se necesitan para cada uno de ellos. Se deben priorizar refuerzos positivos de tipo social (como tiempo especial o actividades gratificantes) en lugar de premios materiales, para fomentar la motivación intrínseca, que es más duradera.

4. Administración de las fichas o puntos: Se debe establecer un conjunto de normas que regule el intercambio de fichas por las recompensas acordadas. Al administrar los puntos, hay que considerar los siguientes factores:
   - Los puntos deben otorgarse inmediatamente tras la conducta deseada; es decir, una vez realizada, el punto debe colocarse en el registro elaborado. Si no es posible entregarlos de inmediato, se puede establecer un momento fijo en el día para hacerlo. Los niños y las niñas deben saber cuándo recibirán los puntos para anticipar su recompensa.
   - Es aconsejable utilizar un sistema dicotómico de «sí o no» para administrar los puntos: si se ha realizado la conducta, se obtienen los puntos; de lo contrario, no se asignan. Los puntos obtenidos no deben retirarse, aunque posteriormente se presenten comportamientos negativos.
   - Exclusividad de los premios: Los premios solo pueden obtenerse mediante los puntos acumulados, de manera que mantengan su componente motivacional.

5. Diseño de un registro para el seguimiento del proceso: Se debe elaborar un registro que recoja las conductas meta, los días de la semana, el número de fichas conseguidas cada día y las recompensas ganadas en función del valor de cada ficha.

- *Contrato de contingencia*. También denominado *contrato de aprendizaje*, consiste en un acuerdo escrito o verbal aceptado por varias partes, normalmente uno o varios adultos (padres o profesores) y un/a estudiante. En este contrato se estipula qué conductas se esperan del alumnado, durante cuánto tiempo y qué recompensas recibirá por ello (Sampascual, 2007). La redacción del contrato debe realizarse entre todas las partes implicadas, con el fin de asegurar que todos comprenden y aceptan los términos. Se deben incluir los siguientes elementos:

1. Descripción clara y detallada de las conductas que debe cumplir el/la estudiante. Deben evitarse términos amplios como «portarse bien» y, en su lugar, usar ejemplos concretos como «levantar la mano antes de hablar».

2. El tiempo y el nivel de ejecución de dichas conductas. Se debe indicar la frecuencia y duración en que debe realizarse una conducta. Por ejemplo, «saludar a los/as compañeros/as cada mañana al llegar a clase, de lunes a viernes», y el nivel de desempeño como decir «buenos días, mirar a los ojos y utilizar un tono de voz adecuado». Estas especificaciones ayudan a que el/la estudiante tenga una guía clara y objetiva sobre las expectativas de su comportamiento.

3. Se debe detallar qué tipo de premios o recompensas puede conseguir el/la alumno/a si cumple las condiciones del contrato. En general, las recompensas deben ser proporcionales al esfuerzo requerido y estar acordes con la edad y los intereses del estudiante.

4. Leves consecuencias negativas si no se cumple el contrato. Estas consecuencias deben presentarse de manera clara y bien definidas para que el/la estudiante comprenda las implicaciones de no cumplir el contrato. Por ejemplo, si no cumple con el comportamiento acordado, podría perder temporalmente un privilegio o una actividad especial.

B) *Reforzamiento negativo.* Tal y como ha sido explicado, el objetivo del reforzamiento negativo es aumentar la probabilidad de que se produzca una conducta mediante la supresión de un estímulo desagradable. Debemos recordar que es diferente del castigo, aunque habitualmente ambos conceptos se confundan.

2.4.1.2. *Métodos para suprimir o reducir las conductas no deseadas*

Las principales técnicas o métodos conductistas para debilitar o suprimir conductas no deseadas son: la extinción, el reforzamiento de conductas incompatibles y el castigo.

a) *Extinción: ignorar la conducta.* La eficacia de la extinción para modificar la conducta consiste en identificar qué elemento refuerza la conducta que se pretende eliminar y, a continuación, suprimir dicho refuerzo para que no vuelva a presentarse cuando surja ese comportamiento. En el ámbito educativo, un ejemplo habitual es cuando un niño o una niña se comporta mal en clase. Recibe la atención del profesorado (en forma de regañina) y del resto de sus compañeros/as (en forma de risas), lo cual refuerza que su conducta persista.

Sin embargo, si no se le hace caso (retirada del refuerzo positivo), con el tiempo dejará de comportarse de esa manera, ya que su conducta ya no tendrá las consecuencias deseadas. Los principales beneficios que los/as estudiantes obtienen de las conductas disruptivas son:

1. Recibir atención de los demás (familiares, profesorado, compañeros/as).
2. Evitar una situación que consideran desagradable, como una actividad académica o social.
3. Satisfacer necesidades sensoriales, como la estimulación que obtienen algunos niños o niñas con autismo al mecerse o mover los brazos.

Sin embargo, la extinción puede ser difícil de establecer en ciertos casos, ya que existen conductas que debido a su repercusión no pueden ser ignoradas, como la agresión física o verbal hacia un/a estudiante. Si el maestro o maestra ignora este tipo de comportamientos, el alumnado puede interpretar que todo es válido, desinterés o falta de capacidad para poner límites, lo cual genera un ambiente desfavorable en el aula (Good y Brophy, 1995).

Por otro lado, permanecer impasible a otras conductas menos graves, pero que perturban el ambiente de clase (por ejemplo, estudiantes que se ríen y hablan continuamente) no resulta tarea fácil. Es habitual que, en el intento de extinguir estas conductas ignorándolas, al principio quienes las realizan las intensifiquen hasta conseguir el resultado deseado. Por esta razón, es fundamental complementar la estrategia de extinción con el refuerzo de otras conductas más adaptativas.

b) *Reforzamiento de conductas incompatibles.* Es una técnica que, como su nombre indica, consiste en reforzar la adquisición de conductas deseadas que son incompatibles con las no deseadas. Por ejemplo, si un alumno o alumna interrumpe a los compañeros/as y altera la clase, se podría incentivar su participación en actividades que contribuyan a mantener el orden, reforzando progresivamente la nueva conducta hasta extinguir la anterior. En este caso, la conducta de colaborar a mantener el orden es incompatible con la de molestar a los demás (Good y Brophy, 1995). Otro ejemplo sería que, si un alumno o una alumna tiende a hacer comentarios ajenos a la tarea (como «¿Cuánto queda para salir al recreo?»), debe ignorarse el comentario, pero reforzar las aportaciones relacionadas con la actividad. De manera similar, se puede reforzar al estudiantado cuando se comporta educadamente en lugar de interrumpir, o cuando permanece sentado en lugar de correr por la clase, etc.

c) *Castigo.* La utilización del castigo como método de modificación conductual ha generado gran controversia entre diferentes autores. Skinner fue una de las principales figuras que se opuso a su empleo al defender que el castigo solo consigue modificar la conducta de manera temporal (Skinner, 1938). Otros investigadores sostienen que los mismos resultados pueden obtenerse mediante el uso de reforzadores positivos, es decir, reforzando la ausencia de la conducta no deseada o promoviendo otras conductas alternativas, en lugar de aplicar el castigo. Sin embargo, Tarpy (1975) defiende que el castigo puede ser eficaz si se administra de manera adecuada, es decir, contingente a la presentación de la conducta indeseada. Como ya sabemos existen dos tipos de castigo: castigo positivo y castigo negativo. Recordamos que el *castigo positivo* implica administrar una consecuencia negativa cuando se manifiesta la conducta no deseada; un ejemplo común son las reprimendas verbales. Para que su uso sea eficaz, Spiegler y Guevremont (2010) resaltan los siguientes aspectos que sirven de guía para su aplicación:

- El castigo debe aplicarse inmediatamente después de la ocurrencia de la conducta inadecuada y cada vez que esta aparece. En general, el castigo intermitente es mucho menos efectivo que el castigo continuo.
- El/la estudiante debe ser consciente de la relación entre la conducta inadecuada y el castigo que se otorga.
- No es aconsejable administrar un refuerzo positivo después del castigo, ya que esto podría contrarrestar su efecto e incluso reforzar la conducta castigada. Por ejemplo, consolar a un niño o una niña que está llorando tras ser reprendido por una conducta inadecuada podría, en lugar de disminuir la conducta, fortalecerla al proporcionar atención positiva justo después del castigo.
- El castigo ha de ir precedido por un aviso de advertencia para que se produzca una asociación entre la conducta a eliminar y la consecuencia. A veces, la simple advertencia sirve para reducir la emisión de la conducta problema.

Respecto al castigo negativo (retirar una consecuencia positiva cuando se produce la conducta indeseada), destacan dos métodos principales de modificación conductual:

a) *Tiempo fuera:* Este método consiste en retirar un refuerzo positivo después de la realización de una conducta indeseada, ya sea sacando al niño o la niña de la situación o finalizando la actividad en la que está recibiendo este refuerzo. Por ejemplo, si un alumno o una alumna le pega a otro en clase de psicomotricidad mientras juegan con un balón, el/la maestro/a lo sanciona retirándolo de la zona de juego durante 5 minutos. Pasado ese tiempo, puede volver a incorporarse al juego. Para que esta estrategia sea eficaz, Spiegler y Guevremont (2010) señalan que deben cumplirse una serie de condiciones:
- El/la alumno/a debe comprender el motivo por el que se está aplicando el castigo y conocer su duración.
- La duración del tiempo fuera ha de ser breve. Generalmente, 5 minutos o menos son suficientes para niños/as pequeños/as. Algunos autores

recomiendan incrementar un minuto por año en estudiantes mayores de 5 años.
- El tiempo fuera debe terminar cuando el/la alumno/a esté comportándose adecuadamente, es decir, no deberá estar realizando conductas negativas o inapropiadas. De lo contrario, si se permite regresar mientras muestra estas conductas, estas podrían quedar reforzadas negativamente.
- El tiempo fuera no debe servir para ayudar al niño o niña a evitar una situación que le resulte desagradable o incómoda, ya que en ese caso se estaría convirtiendo en un procedimiento de refuerzo negativo (incrementaría la conducta inadecuada) en lugar de un castigo (reducir la conducta inadecuada).

b) *Coste de respuesta:* Es un tipo de castigo negativo que implica retirar un reforzador positivo que ya ha sido ganado por el alumno/a, tras la aparición de la conducta que se desea eliminar. Su aplicación es más fácil de adaptar al aula por parte del profesorado en comparación con otras estrategias, como la extinción o el tiempo fuera. Por ejemplo, si un/a alumno/a no recoge el material, se le podría retirar un privilegio previamente ganado, como el uso del ordenador de clase. Al igual que en otros procedimientos, es aconsejable combinar esta estrategia con el reforzamiento de conductas deseadas que fomenten la aparición de comportamientos más adecuados. El procedimiento de coste de respuesta sigue los siguientes pasos:
- Es necesario informar al alumnado sobre el plan que se va a implementar.
- Una vez iniciado, ser consistentes, firmes y sistemáticos en su aplicación.
- En conveniente permitir uno o dos avisos antes de actuar.
- Si la conducta indeseada vuelve a ocurrir, el/la maestro/a puede anotar una marca junto al nombre del estudiante, lo que implicará la pérdida de un privilegio.
- Los reforzadores perdidos deben poder recuperarse si se observan mejoras en el comportamiento.

Es importante destacar que el uso del castigo está justificado cuando la peligrosidad o la gravedad de la conducta así lo requiera, como última alternativa, y teniendo en cuenta las diferencias individuales por las cuales lo que para un o una estudiante supone un castigo para otro/a puede no serlo (Gage y Berliner, 1984).

Referencias bibliográficas

BRENGELMAN, J. C. (1975). Activación del rendimiento escolar con ayuda de técnicas demodificación de conducta. En V. Pelechano (dir.), *Primer symposium sobre aprendizaje y modificación de conducta en ambientes educativos* (pp. 171-191). Servicio de Publicaciones del MEC.

DÍAZ, F., y G. HERNÁNDEZ (1999). Constructivismo y aprendizaje significativo. En F. Díaz y G. Hernández (eds.), *Estrategias docentes para un aprendizaje significativo* (pp. 13-33). McGraw Hill.

DOMJAN, M. (2010). *The principles of learning and behavior* (6th ed.). Wadsworth.

GAGE, N. L., y D. C. BERLINER (1984). *Educational psychology* (3rd ed.). Houghton. Mifflin.

GOOD, T. L., y J. BROPHY (1995). *Contemporary educational psychology*. Longman. (Trad. esp.: McGraw-Hill / Interamericana, 1996).

KRUMBOLTZ, D. J., y H. D. KRUMBOLTZ (1972). *Changing children's behavior*. Prentice-Hall.

MAYER, R. E. (2008). *Learning and instruction* (2nd ed.). Merrill / Prentice-Hall.

O'LEARY, K. D., y S. G. O'LEARY (1972). *Classroom management: The successful use of behavior modification*. Pergamon.

PAPALIA, D., y S. WENDKOS (1987). *Psicología*. McGraw Hill.

PEARCE, J. M., y G. HALL (2009). A model for stimulus generalization: Pavlovian conditioning. En D. Shanks (ed.), *Psychology of learning*. Sage.

SAMPASCUAL, G. (2007). *Psicología de la Educación* (tomo I). UNED.

SANTROCK, J. W. (2019). *Psicología de la Educación* (6.ª ed.). McGraw Hill.

SCHUNK, D. H. (2008). *Learning theories: An educational perspective* (5th ed.). Merrill / Prentice-Hall.

SCHWARTZ, B., E. A. WASSERMAN y S. J. ROBBINS (2002). *Psychology of learning and behavior* (5th ed.). W. W. Norton.

SHANKS, D. (ed.) (2009). *Psychology of learning*. Sage.

SKINNER, B. F. (1938). *The behavior of organisms*. Appleton-Century-Crofts.

SKINNER, B. F. (1953). *Science and human behavior*. Macmillan. (Trad. esp.: Trillas, 1981).

SPIEGLER, M. D., y D. C. GUEVREMONT (2010). *Contemporary behavior therapy*. Wadsworth.

TARPY, R. M. (1975). *Basic principles of learning*. Scott, Foresman. (Trad. esp.: Debate, 1977).

THORNDIKE, E. L. (1911). *Animal intelligence: Experimental studies*. Macmillan.

WOOLFOLK, A. E. (1987). *Educational psychology*. Prentice-Hall. (Trad. esp.: Prentice-Hall / Hispanoamericana, 1990).

WOOLFOLK, A. E (2014). *Psicología educativa*. Pearson educación. Prentice-Hall.

3. Teoría cognitiva social del aprendizaje

3.1. Teoría del aprendizaje social

En los años sesenta, Albert Bandura señaló que las teorías conductistas no eran suficientes para poder explicar el aprendizaje y defendió que este puede producirse observando la conducta de otras personas y sus consecuencias, no solamente mediante asociaciones entre estímulos y respuestas. Por ello, describió las limitaciones del conductismo y propuso un modelo que incluye factores sociales, conocido como teoría del aprendizaje social (Bandura, 1986).

En sus trabajos iniciales, Bandura realizó dos diferencias fundamentales entre el «aprendizaje activo» y el «aprendizaje vicario» (o por observación). El *aprendizaje activo* se produce cuando la persona participa en el proceso de aprendizaje y recibe las consecuencias de sus actos. *A priori*, podría confundirse con el condicionamiento operante pero la principal diferencia reside en el papel que juegan las consecuencias. En el condicionamiento operante, las consecuencias debilitan o fortalecen la conducta del individuo, mientras que en el aprendizaje activo se considera que aportan información y crean expectativas acerca de los resultados (Bandura, 1977).

El *aprendizaje vicario* es aquel que se produce a partir de la observación del comportamiento de los demás. Para ello, la consideración de factores cognitivos como la atención, el recuerdo o la toma de decisiones, que no son tenidos en cuenta en las teorías conductistas, adquieren una especial relevancia en los modelos cognitivos (Schunk, 2012).

Con el fin de sustentar con evidencia científica la teoría del aprendizaje social, Bandura llevó a cabo un estudio de investigación en el que se analizó la conducta de los niños tras haber visto diferentes modelos de comportamiento de adultos hacia un muñeco inflable llamado «Bobo» (Bandura, Ross y Ross, 1961). A continuación se resume brevemente el diseño y los resultados de ese estudio:

Se crearon 3 grupos de 24 niños/as, de entre 3 y 6 años de edad, distribuidos equitativamente entre chicos y chicas.
-   Grupo 1 (modelo agresivo): Los niños de este grupo observaron tanto a un modelo masculino como femenino comportándose de manera violenta con el muñeco Bobo, dándole patadas, puñetazos, lanzándolo al aire e incluso en alguna ocasión golpeándolo con un martillo.

- Grupo 2 (modelo no agresivo): Este grupo fue expuesto a modelos de conducta, realizados tanto por un hombre como por una mujer, que mostraron un estilo de juego tranquilo con el muñeco Bobo.
- Grupo 3 (grupo control): El último grupo de niños y niñas no fue expuesto a ningún modelo de conducta y, por tanto, se utilizó fundamentalmente como comparador de los otros dos grupos.

Posteriormente, el alumnado fue colocado, uno a uno, en una habitación con Bobo y otros tipos de juguetes. Los niños y las niñas que habían sido expuestos a modelos de conducta agresivos mostraron una mayor tasa de juego violento con el muñeco Bobo en comparación con los grupos control y el expuesto al modelo de conducta no violenta. Sin embargo, no se observaron diferencias significativas entre estos dos últimos grupos. Por otro lado, los niños y las niñas tendieron a reproducir con mayor frecuencia el tipo de conductas observadas en el modelo de su mismo sexo: los niños imitaron el modelo masculino y las niñas el modelo femenino.

La conclusión principal que Bandura extrajo de los resultados obtenidos en este estudio es que, efectivamente, los niños y las niñas, desde edades muy tempranas, son capaces de aprender y reproducir un amplio abanico de conductas sociales, incluidas las violentas, mediante la observación de modelos (aprendizaje vicario).

3.2.   Aprendizaje y desempeño

Para explicar las limitaciones de los postulados conductistas, Bandura realizó una clara distinción entre aprendizaje y desempeño. Por un lado, consideró el *aprendizaje* como la adquisición de conocimiento, mientras que el *desempeño* se refiere a la conducta observable de ese conocimiento. Sin embargo, defendió que no siempre mostramos aquello que sabemos. Un niño o una niña puede saberse el abecedario y tener dificultades en la coordinación motriz fina para poder escribirlo. O un alumno puede haber estudiado mucho para un examen y quedarse en blanco por los nervios. En este sentido el conductismo fue duramente criticado por concebir únicamente la conducta observada como exponente/representación principal del aprendizaje (Bandura, 1965).

En esta línea, Bandura modificó el experimento del muñeco Bobo previamente descrito para estudiar este fenómeno.

Los niños y las niñas de preescolar observaron el vídeo en el que un adulto agredía físicamente al muñeco inflable llamado Bobo y fueron divididos en tres grupos:

- Grupo 1: Los niños y las niñas observaron cómo el modelo recibía una recompensa tras la agresión.
- Grupo 2: Este grupo vio que el modelo era castigado tras agredir al muñeco.
- Grupo 3: El último grupo no observó ninguna consecuencia derivada de la conducta violenta del modelo.

Posteriormente, los alumnos y las alumnas fueron colocados, uno a uno, en una habitación con Bobo. Los niños y las niñas que habían observado recompensas por pegar al muñeco fueron más agresivos en comparación con los otros dos grupos. Sin embargo, cuando se ofrecieron recompensas a todos por reproducir la agresión del modelo, todos demostraron haber aprendido la conducta.

Del experimento de Bandura se extrae una conclusión muy importante: los incentivos pueden influir en el desempeño. Puede existir aprendizaje y que no se demuestre hasta que la situación sea propicia o exista una motivación para llevarla a cabo.

3.3. Teoría cognitiva social

Con el tiempo, las explicaciones de Bandura pusieron un mayor énfasis en los factores cognitivos y sociales que influyen en el aprendizaje dando lugar a la teoría cognitiva social. Esta teoría mantiene como elementos principales la influencia que genera la observación de otras personas que sirven como modelos (parte social), pero también incorpora las expectativas, creencias o pensamientos del individuo (parte cognitiva) (Bandura, 1997, 2001).

La teoría cognitiva social describe un sistema denominado *causalidad triárquica recíproca* formado por la interrelación dinámica de tres tipos de influencia: factores personales (creencias, expectativas, conocimientos), factores ambientales (recursos, consecuencias, otras personas, modelos, profesorado y entornos físicos) y factores conductuales (actos, decisiones, declaraciones verbales).

Los factores externos, es decir, los factores ambientales, como los modelos, las estrategias instruccionales o la retroalimentación del profesorado, podrían influir en los factores personales como las metas, el sentido de autoeficacia o el tipo de atribuciones causales. A su vez, estos factores personales afectan a la conducta del alumnado y sus resultados en el rendimiento (Schunk *et al.*, 2008). En este sentido, el reconocimiento del profesorado (factor ambiental) puede fomentar el sentido de autoeficacia del alumnado (factor personal), llevándole a una mayor motivación y al desarrollo de un mejor aprendizaje (conducta).

Asimismo, las conductas del alumnado también influyen en el entorno social. Si el estudiantado no realiza las tareas de manera adecuada porque no las entiende, el profesorado podría utilizar otras estrategias instruccionales, modificando así el entorno de aprendizaje y favoreciendo, en consecuencia, el sentido de autoeficacia de los/as estudiantes.

Resulta relevante prestar atención a las influencias recíprocas que se producen entre estos factores, ya que podría generarse el efecto Pigmalión (también denominada *profecía autocumplida*), en el cual las expectativas sobre una conducta terminan propiciando que esta ocurra.

3.3.1. Modelamiento: aprendizaje a través de la observación de otros

El modelamiento es un elemento crucial de la teoría cognitiva social del aprendizaje. Este concepto se refiere a los cambios afectivos, conductuales y cognitivos que se producen al observar un modelo. Pero ¿qué determina la observación y que un aprendiz ejecute actividades modeladas? Existen diferentes factores que influyen en tales procesos, como son el nivel de desarrollo del observador, las características de los modelos y la tendencia a observar modelos similares a uno mismo (Schunk, 2004).

- *El nivel de desarrollo del observador:* Conforme los niños y las niñas crecen, desarrollan una mayor capacidad para mantener la atención durante periodos prolongados de tiempo, utilizan estrategias de memorización y retención de la información más útiles y tienen mayor capacidad de motivarse a sí mismos.
- *El estatus del modelo:* Los modelos que resultan atractivos para el observador son más fácilmente observados. Es probable que personas competentes, cálidas y con reconocimiento social, atraigan más que aquellas que no lo son. En este sentido, los niños y las niñas tienden a observar modelos de referencia para sí mismos, como deportistas, personajes de ficción, padres, madres o profesores/as.
- *Modelos similares a uno mismo:* Existe cierta tendencia a observar modelos que se perciben similares a uno mismo. El estudiantado necesita ver modelos exitosos y capaces que se vean y se oigan como ellos y ellas; además, esto también les ayuda a determinar qué conductas son las más adecuadas. En un experimento realizado por Schunk y Hanson (1985), se compararon dos formas de aprender a restar en estudiantes que habían mostrado dificultades para ello. La muestra se dividió en dos grupos: el primero recibió la demostración del profesor, mientras que el segundo recibió la misma demostración realizada por estudiantes del mismo curso. Posteriormente, ambos grupos participaron en el mismo programa

educacional. Cuando se evaluaron los conocimientos adquiridos, se encontró que el alumnado que había observado a otros/as estudiantes como modelos obtuvieron mejores calificaciones en los exámenes de restas y más confianza en su habilidad para aprender. En el caso de estudiantes que se sienten inseguros de sus propias habilidades, un modelo muy recomendable sería otro/a compañero/a de bajo rendimiento que, mediante su esfuerzo, ha conseguido dominar la materia (Schunk, 2004).

Estos tres factores de influencia del aprendizaje observacional implican a su vez *metas y expectativas*. Los/as niños/as prestan atención a conductas que son importantes para ellos en función de los intereses, las metas y las expectativas que tienen y de las cuales se derivan consecuencias positivas. Si el observador tiene la expectativa de que determinadas acciones de los modelos conllevan la consecución de resultados o metas valorados positivamente (como que ciertas rutinas de ejercicio produzcan un mejor desempeño atlético) existe una mayor probabilidad de que presten atención a dichos modelos e intenten reproducir sus conductas. Además, los observadores con un *alto nivel de autoeficacia* van a considerarse más capaces de realizar determinadas tareas y conseguir metas, por lo que prestarán más atención y aprenderán con mayor facilidad que aquellos/as que no tengan un adecuado nivel de autoeficacia percibida (Bandura 1997; Schunk *et al.*, 2008).

3.3.2. Procesos que forman parte del aprendizaje por observación

En el aprendizaje observacional no se trata únicamente de la imitación de la conducta observable, pues, para que este se pueda producir, el individuo debe adquirir y desarrollar estrategias para reproducir el comportamiento del modelo observado posteriormente. Para ello, Bandura (1986) describe cuatro procesos que forman parte del aprendizaje por observación:

- *Atención:* Para reproducir un comportamiento es necesario que el observador preste atención al modelo que lo lleva a cabo. Esta intención se verá influida por factores como la complejidad de la tarea, el nivel de desarrollo del observador y el grado en que el modelo resulte atractivo, tal y como ha sido descrito anteriormente.
- *Retención:* Para reproducir la conducta de un modelo es necesario retenerla en nuestra memoria. Es decir, la conducta del modelo se representa en la mente del aprendiz de alguna forma, quizá mediante una imagen vívida de lo que el modelo hizo o como pasos verbales. La retención mejora mediante la reproducción mental de lo observado y su puesta en práctica.
- *Generación:* Cuando adquirimos una conducta por primera vez, es normal no saber ejecutarla con precisión. Para perfeccionarla, es necesario reproducir esa conducta y recibir retroalimentación para mejorar la destreza. En la fase de

generación, la práctica de la conducta mejora su ejecución y el aprendiz adquiere experiencia. Por ejemplo, la primera vez que un/a niño/a se lava los dientes, sostiene el cepillo y realiza los movimientos de la mejor manera que puede. Con la práctica y las recomendaciones de un adulto, mejorará la ejecución y cada vez sabrá hacerlo mejor.

- *Motivación y reforzamiento:* Es frecuente que los niños y las niñas presten atención a conductas de los modelos, las retengan y las aprendan, pero no las reproduzcan al no sentirse motivados para ello. Un buen ejemplo de ello es el experimento de Bandura (1965) con el muñeco Bobo, previamente descrito. Los niños y las niñas que observaron cómo, tras agredir a Bobo, se recibía un castigo, no replicaron el comportamiento. Sin embargo, cuando se les prometió un incentivo, sí fueron capaces de hacerlo. Esto evidencia nuevamente la distinción entre aprendizaje y desempeño. Los niños y las niñas pueden haber adquirido aprendizajes que no ejecutan por no sentirse motivados para ello. Por esta razón, Bandura argumenta que el reforzamiento no siempre es necesario para adquirir un aprendizaje, pero puede ser necesario para demostrarlo.

3.3.3. Formas de reforzamiento que fomentan el aprendizaje observacional

Según Bandura existen tres formas de reforzamiento que fomentan el aprendizaje observacional:

a) La primera de ellas surge cuando el observador reproduce la conducta del modelo y recibe el *reforzamiento directo*. Por ejemplo, esto sucede cuando un estudiante observa y reproduce los pasos de un compañero al realizar una actividad, y la profesora le dice: ¡Muy bien, es así como se hace!

b) Sin embargo, no es necesario que siempre el reforzamiento sea directo para que se produzca el aprendizaje; también puede tratarse de un *reforzamiento vicario*. En este caso, el observador ve que otros reciben un reforzamiento por una conducta específica y, como resultado, replica ese comportamiento como si él mismo hubiera obtenido el refuerzo. Por ejemplo, cuando un docente pide a un grupo de estudiantes que caminen en lugar de correr por el pasillo y elogia (refuerza) a los que obedecen, aquellos que corren a menudo se detienen y empiezan a caminar, esperando recibir el mismo elogio.
A menudo, los anuncios publicitarios buscan generar este efecto. Es habitual observar modelos televisivos, principalmente del género masculino, que proyectan sensaciones de libertad y poder al conducir una marca específica de coche, u otros cuya apariencia se torna segura y atractiva al usar un perfume determinado. De esta manera, la conducta del espectador se refuerza de manera vicaria mediante la satisfacción que transmite el modelo del anuncio.

c) El último tipo de reforzamiento es el *autorreforzamiento* o el control de los propios reforzadores. Consiste en el desarrollo de normas internas de desempeño que permiten evaluarse y ofrecerse a uno mismo consecuencias positivas por la conducta desarrollada. Resulta especialmente relevante en el ámbito educativo, dado que permite al alumnado establecer sus propias metas y ofrecer su propio reforzamiento. En la vida adulta, no siempre se obtienen las recompensas esperadas, y a menudo cuesta mucho tiempo y esfuerzo alcanzar los objetivos establecidos. Ser capaces de autorregularnos a veces es lo único que nos permite persistir en una tarea (Rachlin, 2004).

Sobre la base de lo expuesto, la teoría cognitivo social tiene matices conductistas, dado que concede gran relevancia al refuerzo de comportamientos, pero va más allá del refuerzo de Skinner, incorporando el refuerzo vicario (aprendizaje mediante la observación de la experiencia de otros). Además, es cognitivista porque incluye elementos no directamente observables, como las expectativas o creencias del individuo, dando lugar al nacimiento de una teoría de transición entre el conductismo y una orientación más social (Zumalabe, 2012).

3.3.4. Aspectos a aprender mediante observación

Existen cinco resultados posibles del aprendizaje observacional: dirigir la atención, el perfeccionamiento de comportamientos ya aprendidos, el fortalecimiento o debilitamiento de inhibiciones, la enseñanza de nuevas conductas y activación de la emoción. A continuación son descritas:

- *Dirigir la atención*. Prestando atención a los demás, aprendemos de sus conductas y de los objetos relacionados con ellas. Un ejemplo común ocurre cuando interactúo con un juguete de mi hija y finjo pasármelo bien; entonces, ella también muestra interés por él. Gatea rápidamente hasta mí y lo pide. Esto sucede, en parte, porque ha centrado su atención en este objeto en particular y en cómo yo me divierto con él, algo que, de no haberlo observado, hubiera pasado desapercibido.
- *Perfeccionamiento de comportamientos ya aprendidos*. Cuando no tenemos claro cómo actuar, es habitual buscar indicios en los demás que nos orienten. Observar a otras personas nos ayuda a identificar qué conductas ya aprendidas son las adecuadas. Por ejemplo, un niño o una niña que se queda en el comedor del colegio por primera vez puede no saber cómo colocarse la servilleta. Observar si el resto de los compañeros la utilizan como babero o sobre el regazo de sus piernas le servirá de guía.
- *Fortalecimiento o debilitamiento de inhibiciones*. Si un estudiante se comporta de manera inadecuada y consigue salirse con la suya, el resto de los alumnos y

las alumnas aprenderá que no sucede nada cuando se transgreden las normas. Si, además, el estudiante es popular y apreciado, el resto tenderá a imitarlo produciéndose el «efecto expansivo» (Kounin, 1970). De la misma manera, si el profesor o la profesora no permite conductas inadecuadas y sabe cómo afrontar eficazmente este tipo de comportamientos, el resto aprenderá que no deben replicarlos.

– *Enseñanza de nuevas conductas.* Tal y como se ha explicado anteriormente, el modelamiento ayuda en la adquisición de nuevas conductas. En el ámbito educativo, el profesorado modela continuamente el comportamiento del estudiantado a través de su ejemplo. Muestran cómo realizar tareas académicas y proporcionan instrucciones sobre cómo resolver problemas. Inevitablemente, los niños y las niñas captan buenos y malos hábitos de sus modelos.

Asimismo, los compañeros y las compañeras también pueden actuar de modelos cuando son apreciados por los demás y realizan tareas con éxito. Además, cuando un estudiante con dificultades en un área mejora su desempeño a través de su esfuerzo, puede convertirse en un buen modelo para otros estudiantes con bajo rendimiento (Schunk, 2004).

– *Activación de la emoción.* Mediante el aprendizaje observacional un individuo puede sentir emociones ante situaciones que no experimenta él mismo. Si un niño o una niña observa cómo un compañero o compañera se hace daño tras ser atropellado por una bicicleta, puede sentir miedo cada vez que ve una bici.

3.4.   Principales aplicaciones

3.4.1. Aprendizaje por observación en la enseñanza

En el aprendizaje por observación en la enseñanza, podemos encontrar diferentes modelos que influyen en el aula. Uno de los modelos más relevantes son los *modelos coetáneos,* que juegan un papel muy importante. Observar a compañeros/as parecidos realizar una tarea puede incrementar la autoeficacia de los/as estudiantes para aprender. De hecho, aquellos alumnos/as que han superado dificultades similares se convierten en modelos excelentes para el resto.

Sin embargo, *el profesorado* también constituye uno de los modelos más influyentes en la vida de sus estudiantes. A través de la observación, el alumnado captará e imitará tanto los buenos como los malos hábitos, las expectativas de rendimiento (altas o bajas), así como actitudes relacionadas con el género, entre otros aspectos. Por ello, resulta crucial que los maestros y las maestras realicen demostraciones modeladas de las conductas a aprender, ya que estos actos modelan el comportamiento y las actitudes del estudiantado, favoreciendo el aprendizaje y el desarrollo de habilidades de manera efectiva.

Finalmente, es importante destacar la *eficacia docente a través de la observación*. Las prácticas en centros educativos realizadas por el estudiantado de Magisterio son fundamentales para desarrollar habilidades y fortalecer el sentido de autoeficacia de estos futuros docentes. En este sentido, la autoeficacia parece mejorar más al observar a maestros relativamente inexpertos realizar con éxito sus actividades, en comparación con aquellos más experimentados. Este tipo de observación permite a los futuros docentes reconocer que, al igual que sus modelos, ellos también son capaces de desarrollar su labor educativa con éxito.

3.4.2. Aprendizaje observacional en los medios de comunicación

Desde edades tempranas, los niños y las niñas reciben la influencia de los medios de comunicación. En los dibujos, las películas y los programas de entretenimiento aparecen una diversidad de modelos que probablemente aprenderán e imitarán después. Por ello, resulta relevante que estos modelos sean lo más ejemplarizantes y positivos posibles.

Como ya sabemos, los niños y las niñas prestaran atención a modelos que gocen de buen estatus, sean queridos y resulten fascinantes para ellos. En este sentido, un estudio demostró que el programa *Barrio Sésamo* aportaba beneficios en la niñez resultando un claro ejemplo de que educación y entretenimiento funcionan muy bien juntos.

Este programa sabía captar, dirigir y mantener la atención de los más pequeños a través de la utilización de estímulos visuales y auditivos, de la sorpresa y del sentido del humor. Los niños y las niñas que lo veían mostraron una mayor capacidad para resolver conflictos y realizaban más comentarios positivos que los demás. Desgraciadamente, no todos los programas y dibujos que existen son buenos ejemplos de aprendizaje por observación para los pequeños aprendices (Lesser, 1972).

3.5. Indicaciones prácticas en el aula

Para finalizar este capítulo se presentan una serie de sugerencias y aspectos que el profesorado debe tener en cuenta con el fin de aplicar, de la mejor manera posible, el aprendizaje por observación dentro de las aulas (Woolfolk, 2014):
-   *Modele las conductas y actitudes que desee que el alumnado aprenda.*

Como se ha comentado previamente, uno de los principales modelos con el que cuenta el estudiantado es el propio profesorado. Por ello, los docentes deben tomar conciencia del impacto que puede tener su conducta manifiesta dentro de la clase. Aquellos maestros y maestras que demuestran entusiasmo por la enseñanza, fomentarán el propio interés del alumnado por aprender. Por otro lado, y teniendo en cuenta la edad de los/as estudiantes, hay que considerar la necesidad de realizar de manera explícita, a modo de ejemplo, las tareas físicas y mentales que el alumnado debe aprender. Por ejemplo, un/a maestro/a de Educación Infantil puede sentarse en la caja de arena del recreo junto a los/as niños/as que juegan, para realizar una demostración de la diferencia entre «jugar con la arena» y «arrojar la arena a alguien». O un maestro/a de Educación de Primaria puede tratar de modelar la resolución adecuada de los ejercicios pensando en voz alta mientras se realizan, de manera que el estudiantado pueda identificar y comprender los diferentes pasos del propio proceso de resolución, los adquiera con la práctica y pueda llegar a replicarlos.

-   *Utilice a los pares, especialmente a los/as líderes de la clase, como modelos.*

Recordando que los coetáneos son una fuente clave en el proceso de modelado, una estrategia que se recomienda incorporar es tratar de agrupar a los/as estudiantes que tienen éxito académico y prestigio social dentro del grupo con aquellos/as que presentan dificultades. Esta estrategia favorece una mayor motivación e implicación del estudiantado con dificultades, tanto en su proceso de aprendizaje en general como en las actividades diarias dentro del aula.

-   *Obtenga la ayuda de los/as líderes de la clase para modelar las conductas de todo el grupo.*

Siguiendo la recomendación anterior, se sugiere solicitar la ayuda del estudiantado popular para favorecer la incorporación al grupo y sus dinámicas de aquellos/as compañeros/as que puedan ser más tímidos/a y permanecer aislados/as, así como para servir de apoyo en aquellos casos en los que llega un nuevo estudiante a clase proveniente de otra escuela, ciudad o país. También se recomienda al profesorado apoyarse en este alumnado, que goza de un determinado estatus y aceptación por parte de todo el grupo, para dirigir las actividades que se desarrollan dentro del aula, sobre todo en los casos en los que se observa cierta reticencia o dificultad inicial en conseguir la cooperación de la clase.

– *Asegúrese de que el alumnado vea que las conductas positivas producen reforzamiento para los demás.*

Es imprescindible que el profesorado señale explícitamente las conexiones entre una determinada conducta deseable (por ejemplo, pedir permiso para hablar) y las consecuencias positivas que provocan (como un elogio del profesorado) de manera que el estudiantado vaya incorporando estos aprendizajes en su entendimiento de lo que está bien y lo que no, tanto dentro como fuera del aula. Para lograr este objetivo se pueden utilizar diferentes recursos, como son los cuentos o las secuencias de películas/series de interés, donde el alumnado observe e identifique diferentes conductas y sus consecuencias, siempre con la ayuda del profesorado. Además de lo ya expuesto, es necesario subrayar la importancia de mantener coherencia en el manejo de las contingencias por parte del profesorado. Es decir, las mismas reglas que se aplican para dar recompensas cuando un/una estudiante lleva a cabo una conducta deseable deben aplicarse también cuando dicha conducta es realizada por un/una estudiante problemático/a.

Referencias bibliográficas

BANDURA, A. (1965). Influence of models' reinforcement contingencies on the acquisition of imitative responses. *Journal of Personality and Social Psychology,* 1, pp. 589-595.

BANDURA, A. (1977). *Social learning theory*. Prentice-Hall.

BANDURA, A. (1986). *Social foundations of thought and action*. Prentice-Hall.

BANDURA, A. (1997). *Self-efficacy: The exercise of control*. Freeman.

BANDURA, A. (2001). *Social cognitive theory: An agentic perspective. Annual review of psychology, 52*, 1-26.

BANDURA, A., D. ROSS y S. ROSS (1961). Transmission of aggresion throughimitation of aggressive models. *Journal of Abnormal and Social Psychology, 63*, 575-582.

KOUNIN, J. S. (1970). *Discipline and group management in classrooms*. Holt, Rinehart and Winston.

LESSER, G. (1972). Learning, teaching, and television production for children: The experience of Sesame Street. *Harvard Educational Review, 42*, 232-272.

RACHLIN, H. (2004). *The science of self-control*. Harvard University Press.

SCHUNK, D. H. (2004). *Learning theories: An educational perspective* (4st ed.). Merrill / Prentice-Hall.

SCHUNK, D. H. (2008). *Learning theories: An educational perspective* (5st ed.). Merrill / Prentice-Hall.

SCHUNK, D. H. (2012). *Learning theories: An educational perspective* (6st ed.). Allyn & Bacon / Pearson.

SCHUNK, D. H., y A. R. HANSON (1985). Peer models: Influence on children's selfefficacy and achievement. *Journal of Educational Psychology, 77*, 313-322.

WOOLFOLK, A. (2014). *Psicología educativa* (11ª· ed). Prentice-Hall.

ZUMALABE, J. (2012). La transición del conductismo al cognitivismo. *eduPsykhé, 11*(1), 89-111.

4. Enfoques cognitivos del aprendizaje (I): procesamiento de la información

4.1. La perspectiva cognitiva

Durante la década 1950-1960, el conductismo fue la teoría del aprendizaje dominante hasta que diversos psicólogos plantearon que la asociación entre estímulos y respuestas no era suficiente para explicar el aprendizaje en los/as niños/as. Nace de esta manera la psicología cognitiva, un nuevo enfoque que concede gran relevancia a la actuación de procesos mentales no observables, tales como la memoria y el pensamiento, que median entre el estímulo y la respuesta y que son susceptibles de ser estudiados científicamente.

Según la perspectiva cognitiva (y aún más en la constructivista, que veremos más adelante) los individuos aprenden transformando el conocimiento de manera activa y no mediante un proceso pasivo de asociaciones tal y como postulaba el conductismo. Por tanto, la psicología cognitiva centra su estudio en el funcionamiento de la mente y en los procesos mentales que se producen entre estímulos y respuestas, dando lugar a nuevos conceptos como memoria, codificación y almacenamiento, entre otros (Greeno *et al.,* 1996).

4.2. El procesamiento de la información

El procesamiento de la información es el primer modelo teórico que se enmarca dentro de la psicología cognitiva. Plantea una analogía entre el funcionamiento del cerebro y el de un ordenador según el cual ambos sistemas realizan funciones similares. Es decir, tanto el ordenador como la mente son canales de manipulación y transmisión de información desde una entrada *(input)* hasta una salida *(output)*, a través de una serie de procesos de recogida, procesamiento y recuperación de la información que suceden de forma sucesiva y secuencial.

Es decir, las teorías del procesamiento de la información (TPI) pretenden dar respuesta a: 1) la forma en la que un individuo presta atención a los sucesos y los estímulos del medio, 2) cómo se produce la codificación de la información que debe aprenderse y cómo se relaciona con los conocimientos que ya existen, 3) cuáles son las estructuras en la que se almacena la información que se adquiere y 4) cómo se recupera cuando se necesita (Sampascual, 2007).

En este modelo la memoria tiene un papel primordial en el aprendizaje, pero vamos a comenzar describiendo antes otro proceso básico, como es la atención, que resulta clave para la captación de la información.

4.3. La atención

Continuamente recibimos una gran cantidad de estímulos del entorno, sin embargo, solo tenemos capacidad para procesar una cantidad limitada de información. Los niños y las niñas necesitan poner en marcha sus recursos atencionales. La atención puede distribuirse de diferentes formas que los/as psicólogos/as han denominado como: *atención selectiva, atención dividida, atención sostenida* y *atención ejecutiva*. A continuación se explican brevemente (Posner, 2012):

- *Atención selectiva:* Este tipo de atención nos ayuda a seleccionar la información que resulta relevante y a omitir aquella que no lo es. Concentrarse en las explicaciones del profesorado mientras los/as compañeros/as hablan o se ríen, es un ejemplo de atención selectiva.
- *Atención dividida:* Es la capacidad de concentrarse en varias actividades a la vez. Si un niño/a hace los deberes mientras ve la televisión, está haciendo uso de la atención dividida.
- *Atención sostenida (vigilancia):* Es aquella que ejercitamos cuando mantenemos la atención durante un periodo amplio de tiempo en una actividad sin interrupciones. Por ejemplo, estudiar varias horas seguidas sin distracciones. Esta es la forma de atención que suele resultar más difícil de mantener para los niños y las niñas con trastorno de déficit de atención con o sin hiperactividad (TDA/H).
- *Atención ejecutiva:* Es la responsable de la planificación de acciones y de metas, de la detección y corrección de errores y de evaluar el progreso y el desarrollo de una actividad. Organizar y estructurar una tarde de estudio, sería competencia de la atención ejecutiva.

Actualmente, vivimos en una sociedad cambiante en la que los avances tecnológicos y los dispositivos electrónicos generan que el estudiantado, desde edades tempranas, se acostumbre a vivir en la multitarea y muestren importantes dificultades para mantener la atención en una actividad sin distracciones. Por otro lado, como la capacidad atencional es limitada, dividir la atención entre varias tareas complejas (por ejemplo, estudiar y escribir por WhatsApp) suele conllevar un detrimento en la eficacia de la realización de la tarea más relevante (Begley e Interlandi, 2008).

En definitiva, cuando los/as alumnos/as amplían la información a la que prestar atención tienden a distraerse de aquello que es más importante. Por otro lado, la atención sostenida y la atención ejecutiva resultan claves para realizar tareas, cada vez más complejas, con éxito. Desde el aula resulta vital potenciar esta capacidad atencional desde la infancia (Tang y Posner, 2009).

4.4. La percepción

Si bien nuestros receptores sensoriales recopilan constantemente información tanto del medio ambiente como de nuestro propio cuerpo, en última instancia, es la manera en la que interpretamos esa información lo que influye en la forma en que interactuamos con el mundo. Así pues, el proceso de «percibir» supone atribuir un significado a los estímulos captados por nuestros sentidos a partir de la organización y la interpretación de esos estímulos (Barthley, 1982).

El proceso mediante el cual, gracias a la percepción, interpretamos los diferentes estímulos sensoriales depende tanto de las características físicas de los propios estímulos (forma, intensidad, tamaño, etc.) como de los conocimientos previos, las expectativas y el propio contexto donde tiene lugar el fenómeno (Myers, 2011).

Como se ha mencionado, además de la interpretación de los estímulos, en la percepción es fundamental la manera en que estos son organizados y estructurados. A principios del siglo XX surgió la denominada *Psicología de la Gestalt* (del alemán «forma» o «configuración») que se dedicó a investigar y demostrar los principios perceptuales a través de los cuales realizamos la organización de la información transmitida por los sentidos estableciendo patrones y relaciones, dando como resultado totalidades unitarias (Woolfolk, 2014). Entre los principios más significativos se destacan: «figura-fondo», «proximidad», «similitud» y «cierre».

A modo de síntesis, el proceso de la percepción se lleva a cabo siguiendo las fases que a continuación se exponen (Anderson, 2005):

- *Procesamiento ascendente:* Supone el análisis de las características físicas que configuran los estímulos percibidos de manera independiente (atributos, componentes, etc.)

- *Integración:* Una vez analizada toda la información específica se lleva a cabo un proceso de organización, dando como resultado un patrón final que incluye todas las propiedades previamente registradas.
- *Procesamiento descendente:* Consiste en aplicar nuestros conocimientos previos y experiencias, así como el propio contexto, para atribuirle un significado y sentido a los patrones establecidos en la fase anterior.

4.5. La memoria

La memoria es la capacidad que nos permite almacenar la información y recuperarla en un momento determinado a lo largo del tiempo. Los/as psicólogos/as educativos investigan de qué manera se produce este proceso: adquisición y codificación de la información, almacenamiento, recuperación y posible olvido (Ornstein y Light, 2010).

Las teorías del procesamiento de la información han desarrollo diferentes modelos sobre el funcionamiento de la memoria. Entre ellos:

1. La teoría multialmacén de Atkinson y Shiffrin.
2. La teoría de los niveles de procesamiento de Craik y Lockhart.

4.5.1. Teoría multialmacén de la memoria

La teoría multialmacén es uno de los modelos que mayor reconocimiento ha tenido. Fue descrito por Atkinson y Shiffrin (1968) y recibe también el nombre de *modelo modal* o *modelo estructural de la memoria.*

Esta teoría sostiene que la información pasa por tres almacenes de distinta capacidad y organización (véase la figura 4.1). La información es captada del exterior a través de diferentes canales y retenida brevemente por la memoria o el registro sensorial. Posteriormente, pasa a la memoria a corto plazo (MCP) cuya capacidad es limitada, aproximadamente 30 segundos y, por último, la información que se mantiene, es decir, aquella a la que se presta atención es almacenada en la memoria a largo plazo donde puede mantenerse durante largos periodos de tiempo o toda la vida. En cada uno de los tres sistemas puede producirse la pérdida u el olvido de la información (Sampascual, 2007).

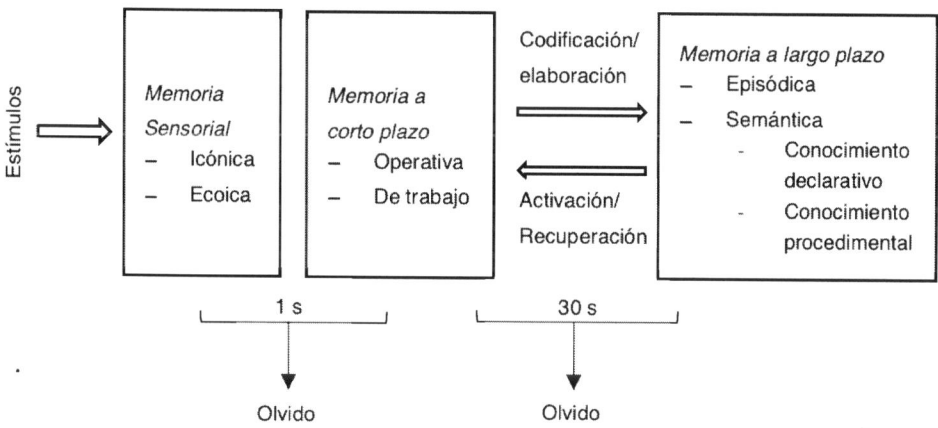

FIGURA 4.1. Representación del modelo de almacenes de memoria de Atkinson y Shiffrin (1968). Elaboración propia.

A continuación se explica el funcionamiento de cada uno de estos almacenes:

a) *Memoria o registro sensorial*

Mediante nuestros sentidos captamos la información del exterior que se mantiene durante unos instantes en la memoria o registro sensorial. Cuando la información es visual el registro es icónico y se mantiene un tiempo máximo de medio segundo. Cuando la información es auditiva el registro es ecoico y es capaz de mantenerse en el sistema hasta 2 segundos. Es decir, la capacidad de esta memoria es ilimitada, sin embargo, la información solo perdura entre medio segundo y 2. Tanto la información visual como la auditiva guardada en la memoria sensorial son precategoriales, es decir, todavía no han sido analizadas y no tienen significado. Para asignarle significado (por ejemplo: silla) requiere de un procesamiento adicional al de la memoria sensorial en el que intervienen procesos, ya descritos anteriormente, como la atención y la percepción.

Como ya sabemos, nuestros receptores sensoriales reciben continuamente una gran cantidad de estímulos, pero nuestra capacidad perceptiva es limitada. Solo procesamos y transferimos a nuestra MCP aquellos estímulos a los que prestamos atención, generalmente, porque tienen una fuerte intensidad o convergen con nuestros intereses y motivaciones. Asimismo, la percepción es la responsable de interpretar y de dotar de significado a la información captada por nuestros sentidos. Este significado es construido mediante la interpretación de la información de entrada procedente de los sentidos con la información que ya reside en la memoria. En la interpretación de la información juega un papel fundamental la forma en que la organizamos (Sampascual, 2007).

Cuando la información no es almacenada en el siguiente sistema (memoria a corto plazo) se pierde para siempre. Aunque esta memoria dispone de una gran capacidad para procesar datos, la mayoría de ellos se olvidan inmediatamente. Su funcionamiento se trata de un proceso automático e involuntario que se escapa al control del ser humano (Woolfolk, 2014; Greeno *et al.*, 1996).

b) *Memoria a corto plazo (MCP)*

La memoria a corto plazo es un sistema de almacenamiento que tiene una capacidad limitada y es el lugar donde la información adquiere significado. Respecto a su duración, es capaz de mantener la información durante más tiempo que la memoria sensorial pero menos tiempo que la memoria a largo plazo. Su función resulta clave para la codificación de la información y el posible acceso a la memoria a largo plazo. Sus principales características son (Santrock, 2019; Castejón *et al.*, 2010):

- *Amplitud*. El psicólogo cognitivo George Miller determinó en su trabajo titulado *el mágico número 7, más menos 2*, que el número de elementos que el ser humano es capaz de retener en su memoria de trabajo en promedio es entre 5 y 9; es decir 7 ± 2. Existen estrategias de agrupamiento de elementos que favorecen la capacidad de la memoria de trabajo. Por ejemplo: si agrupamos los números de dos en dos o de tres en tres somos capaces de recordar más elementos. Es decir, nos resultará más fácil recordar 976-51-89-79 que 9 7 6 5 1 8 9 7 9. Por otro lado, la capacidad de la MCP es diferente entre niños/as y adultos. El número 7 es la capacidad máxima que dispone un adulto, mientras que en la infancia varía progresivamente desde uno o dos hasta siete elementos (Pascual-Leone, 1989).
- Tiene una *duración* comprendida entre 20 y 30 segundos. Estrategias de repetición, de repaso o de elaboración permiten mantener la información durante más tiempo y hacerla llegar a la MLP. Por ejemplo, cuando relacionamos un número con nuestra edad, con nuestra fecha de nacimiento o con el número de portal en el que vivimos.
- *Perder la información* en este almacén debido a cualquier distracción es fácil. En el caso de estar memorizando un número o cualquier dato, es suficiente con que alguien nos diga algo para distraernos y perder la información.
- En este tipo de memoria destacan dos tipos de efectos: primacía y recencia. *Primacía* es la tendencia a recordar mejor los elementos que se presentan al principio de una lista y *recencia* cuando recordamos mejor la información presentada al final, siendo olvidada o difusa la información intermedia.

- Respecto a la *memoria de trabajo*, el psicólogo británico Alan Baddeley la definió como la parte activa de la MCP, una especie de taller de trabajo en el que la información se procesa para dar respuestas adaptativas al entorno (resolver problemas, tomar decisiones o comprender el lenguaje escrito y hablado). Asimismo, adquiere una gran relevancia en la realización de tareas complejas tales como el cálculo mental, donde se debe mantener de forma simultánea y combinada gran cantidad de información en la MCP.

Además, entre el alumnado pueden existir diferencias apreciables en cuanto a la capacidad para procesar la información en la MCP en función de la dificultad de la tarea. Si algún estudiante no dispone de la capacidad necesaria para una tarea de aprendizaje, es necesario segmentarla en partes más pequeñas y proporcionarle una tarea más sencilla o adaptada en la que el profesor puede servir de guía (Bruning *et al.*, 2002). El funcionamiento de la memoria de trabajo es complejo y consta de tres componentes principales (Baddeley, 2000, 2007, 2012, 2013):

- *El circuito fonológico:* Almacena la información correspondiente al habla, en concreto, los sonidos del lenguaje que permite recuperar y reproducir las palabras que se encuentran en el almacén fonológico.
- *La memoria de trabajo visoespacial:* Almacena información visual y espacial, como las imágenes. Su capacidad es limitada y opera de forma independiente al circuito fonológico.
- *El ejecutivo central:* Integra la información de la memoria a largo plazo y de los dos componentes anteriores (circuito fonológico y memoria de trabajo visoespacial). Su capacidad es limitada y es el sistema encargado de seleccionar a qué temas debe prestarse atención.

c) *Memoria a largo plazo (MLP)*

La MLP es el almacén de capacidad ilimitada donde se acumula la información de manera relativamente permanente. Constituye todas las experiencias que acumulamos del mundo que nos rodea y de nuestra vida, impresiones, recuerdos pasados, imágenes, etc. Una de sus características principales es su organización, responsable en gran medida de conferir significado a la información que recibe y que almacena posteriormente. El significado está ligado a la comprensión de la información y esta, a su vez, al recuerdo de la misma.

En función del contenido almacenado puede dividirse en dos categorías diferentes: memoria declarativa y memoria procedimental (Baddeley, 2000).

- *Memoria declarativa (explícita):* Se refiere al conocimiento de hechos y conceptos que pueden recordarse verbalmente (saber qué). Puede clasificarse en dos tipos:
  - *Memoria semántica:* Es la memoria para los significados. Se refiere a los conceptos o conocimientos generales que vamos

aprendiendo a lo largo de la vida. El recuerdo de la información es automático. Por ejemplo, saber que la capital de España es Madrid o que Cristóbal Colón descubrió América en 1492.

- *Memoria episódica:* Es la retención de acontecimientos personales de nuestra vida y el momento o contexto en qué se produjeron. La recuperación de la información es deliberada. Por ejemplo, recordar el primer día en la facultad, lo que hicimos en nuestro cumpleaños o los exámenes de la EvAU. La memoria episódica es útil para retener sucesos aislados (por ejemplo, recordar nuestra primera cita amorosa), mientras que en la memoria semántica se retiene gran cantidad de conocimientos organizados y relacionados entre sí.

- *Memoria procedimental (motórica, implícita):* Constituye el recuerdo de cómo hacer las cosas mediante habilidades motoras aprendidas o procesos cognitivos desarrollados y que una vez adquiridos se mantienen durante mucho tiempo (saber cómo). Por ejemplo, saber montar en bicicleta, realizar una suma o atarse los zapatos.

En la siguiente tabla se presentan las principales características de cada tipo de memoria según la teoría multialmacén:

Propiedades	Memoria Sensorial	Memoria Corto Plazo	Memoria Largo Plazo
Almacenamiento de la información	Capacidad ilimitada	Capacidad limitada a 7 unidades de información (chunks)	Capacidad ilimitada
Codificación de la información	Sensorial	Información verbal (características fonéticas y acústicas)	Información semántica (significados)
Tiempo en la memoria	Icónica: 500 mls Ecoica: 2 s	20-30 s (si no se aplican estrategias de retención)	Prácticamente ilimitada

Pérdida de la información	Inmediatamente si no se le presta atención	Interferencia de información nueva o antigua	Interferencia de información nueva o antigua
		Decaimiento: el paso del tiempo	Decaimiento: el paso del tiempo
			Fallo en la recuperación: ausencia de indicios que facilitan la recuperación

TABLA 4.2. Características de los diferentes tipos de memoria (Baddeley, 1998). Elaboración propia.

4.5.2. Teoría de los niveles de procesamiento

La teoría de los niveles de procesamiento fue desarrollada por Craik y Lockhart (1972) como alternativa a la teoría multialmacén. Estos autores defienden que la información no fluye por un sistema de almacenes independientes, sino que existe un único flujo de información donde su retención depende del grado de profundidad con que es procesada. Es decir, el recuerdo de la información depende del grado de codificación o intensidad con el que se procesa y no del lugar en donde se almacena. Se distinguen dos niveles distintos: nivel superficial y nivel más profundo.

- *Nivel superficial:* El procesamiento no es elaborado ni planificado. Se atiende a detalles de la información de manera aislada o a rasgos sensoriales físicos (color, forma, aspecto) que dejan una huella débil que desaparece pronto. El aprendizaje memorístico es un ejemplo de este nivel.
- *Nivel profundo:* Se analiza el significado de las palabras y se asocia con los conocimientos previos que tenga el individuo. Se utiliza el pensamiento lógico y crítico, y es el que favorece el aprendizaje significativo.

Un elemento determinante en el nivel de procesamiento de la información es el grado de implicación que muestra el individuo. Cuanto más interés existe, mayor nivel de atención se presta. Esto favorece un nivel de procesamiento más profundo que facilita el recuerdo y la posible recuperación posterior de la información.

Actualmente, se considera que ambas teorías no son incompatibles. Se acepta el modelo multialmacén de Atkinson y Shiffrin en el que la memoria pasa por diferentes tipos de almacenamiento (memoria o registro sensorial, memoria a corto plazo, memoria a largo plazo) y la teoría de Craik y Lockhart basada en diferentes niveles de procesamiento de la información.

4.5.3. Recuperación y olvido

Cuando la información es procesada y se encuentra en nuestra memoria se puede recuperar, pero también se puede perder. En este sentido, los principales factores que influyen en ambos procesos son los siguientes:

Recuperación: Este proceso puede realizarse de manera automática o mediante un esfuerzo intencional. Uno de los principales mecanismos para recuperar la información es el principio de especificidad de la codificación. Este principio se basa en que las asociaciones que generamos cuando adquirimos un aprendizaje sirven de huella para poder recuperarlo.

Otro aspecto a tener en cuenta es cómo se lleva a cabo el propio proceso de recuperación. Puede ser a través del recuerdo (por ejemplo: contestar en un examen preguntas de desarrollo) o mediante el reconocimiento, es decir, identificando los contenidos aprendidos (por ejemplo: un examen tipo test). Muchos alumnos prefieren esta última opción porque les proporciona buenos indicios de recuperación (Santrock, 2019).

Sin embargo, independientemente de que el proceso de recuperación de la información se lleve a cabo mediante el recuerdo o el reconocimiento, un factor clave a tener en cuenta, y que es fundamental para utilizar eficazmente la capacidad ilimitada de la MLP, es la manera en la que se codifica la información por primera vez. A continuación se exponen los principales factores que influyen en este proceso (Woolfolk, 2014):

- *Elaboración:* Supone agregar significado a la información nueva que se pretende aprender al relacionarla con los conocimientos previos. De hecho, cuantas más conexiones se establecen entre lo nuevo y lo antiguo más fácil será evocar posteriormente dicho conocimiento. Al elaborar un material de estudio, el alumnado personaliza y hace suya la información favoreciendo su comprensión e incorporación a lo anteriormente aprendido, además de estarse creando indicios que facilitarán la recuperación de este material. Un ejemplo de elaboración se da cuando los/as maestros/as piden a sus estudiantes que expliquen un concepto con sus propias palabras, o que reflexionen y expongan como aplicar determinada teoría en un ejercicio práctico.
- *Organización:* La manera en que está organizada (o desorganizada) la información que se quiere aprender influye directamente en el resultado de adquisición de la misma. La evidencia científica ha demostrado que es más fácil aprender y recordar un material bien organizado y estructurado que fragmentos inconexos de información, principalmente, en los casos en los que el material es complicado y/o vasto. De esta manera, la propia estructura organizativa que desarrolla el alumnado a la hora de crear sus esquemas de

estudio se convierte en una guía que favorece la búsqueda de información en la MLP.
- *Contexto:* Las condiciones que están presentes durante el proceso de aprendizaje de una determinada información son también susceptibles de ser «aprendidas». Dicho de otra manera, las características físicas y emocionales (propiedades de la sala, personas de alrededor, estado de ánimo, etc.) es información que se asimila junto a los conocimientos que se están estudiando. En este sentido, el contexto funciona como señal para activar la información almacenada en la MLP. El ejemplo más representativo de este fenómeno es que estudiar para un examen en unas condiciones lo más similares posibles a las que se darán el día del propio examen, favorece un mejor desempeño del estudiantado.

Olvido: La información que no pasa de la memoria sensorial a la memoria a corto plazo se olvida para siempre. Una vez en la memoria a largo plazo la información puede recuperarse y emplearse para analizar la información sensorial entrante o para realizar operaciones mentales en la memoria a corto plazo. Aunque en la memoria a largo plazo la información puede mantenerse a lo largo de la vida, a veces resulta difícil poder recuperarla o acceder a ella, incluso producirse un olvido de la misma tanto en la MCP como en la MLP. Esta pérdida de la información puede producirse por diversos procesos (Santrock, 2019):
- *Teoría del decaimiento:* La pérdida de información se produce por el paso del tiempo. Generalmente, los recuerdos emocionales son los más persistentes.
- *Teoría de la interferencia:* Cuando otra información se entremezcla e interfiere con la que queremos recuperar. Si un alumno estudia para dos exámenes es posible que los conocimientos o conceptos de uno interfieran en el otro. Por ello, es necesario repasar en último lugar la información que deseamos tener más accesible. Existen dos tipos de interferencias:
  - *Interferencia retroactiva:* Cuando los aprendizajes nuevos son los que interfieren en los antiguos.
  - *Interferencia proactiva:* Cuando los aprendizajes previos interfieren sobre los nuevos.
- *Fallo en la recuperación:* Ausencia de indicios o huellas en la memoria que sirvan para recuperar la información. Puede producirse cuando la información no es codificada adecuadamente por falta de estrategias de repetición o elaboración.

4.6.   Pautas de actuación para docentes

A continuación se proponen diferentes pautas de actuación para optimizar el procesamiento de la información del alumnado (Cuevas-Caravaca, 2016):

- Es importante verificar que se está captando la atención de los alumnos cuando se explican contenidos importantes.
- El alumnado de educación infantil y primaria dispone de bajos niveles de atención sostenida que van mejorando a medida que crecen. Por ello, las actividades no deben requerir largos periodos de atención sostenida y es aconsejable cambiar de actividad frecuentemente.
- La manera de presentar el material es importante. Se pueden utilizar recursos visuales y auditivos que resulten llamativos y favorezcan el procesamiento de la información.
- En educación infantil y primaria los aprendices tienen la capacidad de clasificar la información en relaciones funcionales.
- Intentar relacionar lo que ya saben con los conocimientos nuevos para potenciar el aprendizaje significativo. El uso de metáforas o comparaciones pueden servir de ayuda.
- Potenciar la atención del alumnado despertando su curiosidad o conectando con aquello que les gusta. Llamarles por su nombre o realizar acciones llamativas resulta útil para captar la atención.
- No presentar demasiado contenido en una única clase. Es preferible estructurar el aprendizaje en diferentes sesiones.
- La fase crítica del olvido se produce inmediatamente después de adquirir un aprendizaje. Posteriormente, la información se pierde menos y de forma gradual. Por ello, es necesario repasar la información mediante ejercicios u otro tipo de estrategias que fomenten la consolidación del aprendizaje a largo plazo.
- Los niños y las niñas aprenden más haciendo. Es necesario implicarles de manera activa en la construcción de los conocimientos que adquieren.

Referencias bibliográficas

ANDERSON, J. R. (2005). *Cognitive psychology and its implications* (6th ed.). Worth.

ATKINSON, R. C. (1975). Mnemotechnics in second-language learning. *American Psychologist, 30,* 821-828.

ATKINSON, R. C., y R. M. SHIFFRIN (1968). Human memory: A proposed system and its control processes. En K. W. Spence y J. T. Spence (eds.), *The Psychology of learning and Motivation* (2, pp. 89-195). Academic Press.

BADDELEY, A. D. (1998). *Memoria humana: teoría y práctica*. McGraw Hill España.

BADDELEY, A. D. (2000). Short-term and working memory. En E. Tulving y F. I. M. Craik (eds.), *The Oxford handbook of memory*. Oxford University Press.

BADDELEY, A. D. (2007). *Working memory, thought and action*. Oxford University Press.

BADDELEY, A. D. (2012). Working memory: theories, models, and controversies. *Annual Review Psychology, 104*, 443-456.

BADDELEY, A. D. (2013). On applying cognitive psychology. *British Journal of Psychology, 63*, 1-29.

BARTHLEY, S. H. (1982). *Principios de percepción*. Trillas.

BEGLEY, S., y J. INTERLANDI (2008). La generación más tonta: cómo la era digital entorpece a los jóvenes. *Newseek en español, 39-40*.

BRUNING, R. H., G. J. SCHRAW y R. R. RONNING (2012). *Psicología cognitiva y de la instrucción*. Alianza.

CASTEJÓN, J. L., C. GONZÁLEZ, R. G. P. MIÑANO y R. GILAR (2010). *Psicología de la educación*. ECU.

CRAIK, F. I., y R. S. LOCKHART (1972). Levels of processing: A framework for memory research. *Journal of Verbal Learning and Verbal Behavior, 11*(6), 671-684.

CUEVAS-CARAVACA, E. (2016). *Psicología de la Educación. Manual del estudiante*. Fundación Universitaria San Antonio

GREENO, J. G., A. M. COLLINS y L. B. RESNIEC (1996). Cognition and learning. En D. Berliner y R. Calfee (eds.), *Handbook of educational psychology* (pp. 15-46). Macmillan.

MYERS, D. G. (2011). *Psicología*. Editorial Médica Panamericana.

ORNSTEIN, P. A., y L. L. LIGHT (2010). Memory development across the life span. En W. F. Overton y R. M. Lerner (eds.), *The handbook of life-span development, vol. 1. Cognition, biology, and methods*. John Wiley & Sons, Inc.

PASCUAL-LEONE, J., y H. IJAZ (1989). Mental capacity testing as a form of intellectual developmental assessment. En R. Samuda, S. Kong, J. Cummins, J. Pascual-Leone y J. Lewis (eds.), *Assessment and placement of minority students* (pp. 143-171). Hogrefe International.

POSNER, M. I. (2012). *Cognitive neuroscience of attention*. Guilford

SAMPASCUAL, G. (2007). *Psicología de la educación, tomo I*. UNED.

SANTROCK, J. W. (2019). *Psicología de la educación* (6.ª ed.). McGraw Hill.

TANG, Y. Y., y M. I. POSNER (2009). Attention training and attention state training. *Trends in Cognitive Sciences, 13*(5), 222-227.

WOOLFOLK, A. (2014). *Psicología educativa* (11.ª ed). Prentice-Hall.

5. Enfoques cognitivos del aprendizaje (II):

5.1. Visión constructivista del aprendizaje

El constructivismo se inscribe dentro de la nueva ola cognitivista que surge como rechazo del conductismo. Defiende que resulta imprescindible considerar los procesos internos que surgen en un individuo y no solo la asociación entre estímulos y respuestas como postula el conductismo (Íñigo *et al.*, 2002; Saldarriaga-Zambrano *et al.*, 2016).

Desde esta corriente, el conocimiento es construido y entendido de manera activa por el individuo y descarta la perspectiva asumida, hasta ese momento, de que el sujeto sea un mero receptor pasivo de conocimientos. Es decir, se descarta la idea de que el alumnado sea únicamente un reproductor de la información que recibe y almacena, por otra en la que la construcción de la información es un proceso individual y activo que ocurre en la mente del aprendiz con la guía y supervisión del profesorado. Por tanto, el aprendizaje es un proceso interno que consiste en relacionar la nueva información con las representaciones preexistentes dando lugar a una revisión, modificación, reorganización y diferenciación de esas representaciones. Se trata de una de las teorías más importantes y que mayor repercusión ha tenido en el ámbito escolar en las últimas décadas. Las ideas centrales de esta corriente son (Bruning *et al.*, 2011):

1. Los/as aprendices son individuos activos que construyen su propio conocimiento *(Constructivismo individual, Piaget)*.
2. Las interacciones sociales juegan un papel crucial en la construcción del conocimiento *(Constructivismo social, Vygotsky)*.

5.1.1. La Teoría constructivista de Piaget

Jean Piaget (1896-1980) fue un psicólogo suizo que estudió la manera en que los seres humanos estructuramos la información que recibimos del entorno para darle sentido al mundo. Para Piaget, los procesos mentales se transforman progresivamente a lo largo de la vida de la persona para adaptarse al entorno. Destaca cuatro factores para ello (Piaget, 1954, 1963):

- *La maduración:* Cambios biológicos genéticamente programados.
- *La actividad:* Conforme el/la niño/a se desarrolla comienza a interaccionar con el ambiente y aprende de este.

- *Experiencias sociales:* El desarrollo cognoscitivo recibe la influencia continua de la interacción social en función de la etapa del desarrollo en la que el/la niño/a se encuentre.
- *El equilibrio:* La organización de la información se produce mediante los procesos de acomodación y asimilación que son explicados más adelante.

De este modo, Piaget otorgó una especial relevancia a la maduración biológica del niño y al contexto donde, de manera activa, se construye el conocimiento y se le proporciona significado. En este sentido, Piaget creía que el desarrollo cognitivo es en parte el resultado de la maduración biológica. Según él, los/as niños/as pasan por una serie de etapas o estadios de desarrollo que son invariantes y universales, que siguen un orden fijo y están determinadas biológicamente. Estas etapas representan capacidades cognitivas jerarquizadas que experimentan reestructuraciones según la edad. Las diferencias individuales pueden hacer que un/a niño/a retrase o adelante la estancia en algún estadio, pero de ninguna manera podrá saltarse ninguno (Saldarriaga-Zambrano *et al.*, 2016). A continuación se explica brevemente cada una de ellas (Piaget, 1984, 1970):

- *Etapa sensoriomotriz (de 0 a 2 años)*
  - El/la niño/a desarrolla las primeras conductas aprendidas mediante los reflejos y los sentidos (vista, tacto, gusto) y en interacción con el ambiente.
  - Destacan las reacciones circulares: la tendencia de los/as niños/as a repetir las conductas que han adquirido.
  - Descubren que los objetos no dejan de existir cuando están ocultos.
  - Empieza a utilizar la imitación, la memoria y el pensamiento.

- *Etapa preoperacional (de 2 a 7 años)*
  - Se produce la aparición del lenguaje y el desarrollo del pensamiento simbólico. Con la capacidad simbólica el/la niño/a aprende a representar un objeto que no se encuentra presente.
  - Destaca el carácter egocéntrico del/a niño/a: conciben las experiencias que suceden y el mundo que les rodea desde su propia perspectiva. Es por ello por lo que les cuesta entender que su propia mano derecha no es la misma que la de una persona situada en frente de ellos/as.
  - Tienen dificultades con el pasado y el futuro. Piensan en presente.
  - Surgen las primeras relaciones sociales: el/la niño/a habla, se relaciona e intercambia acciones con los demás.
  - Aparece la curiosidad y necesidad del saber, es por esto por lo que preguntan continuamente sobre todo aquello que les rodea.

- El pensamiento infantil se caracteriza por dos rasgos:
  - Animismo: el/la niño/a cree que los objetos inertes están dotados de intenciones. Por ejemplo, cuando dibujan un sol y le pintan ojos, nariz y sonrisa. Le atribuyen la capacidad de hablar y de ver.
  - Artificialismo: creencia de que todas las cosas han sido creadas por los seres humanos. Por ejemplo, las nubes están en el cielo porque una persona lo decidió así.

- *Etapa de operaciones concretas (de 7 a 11 años)*
  - Aparece el pensamiento reversible: el/la niño/a entiende que las acciones pueden invertirse.
  - Desarrollo del pensamiento lógico. Los/as niños/as son capaces de resolver problemas de seriación, conservación y clasificación, si los objetos se encuentran delante:
    - Seriación: capacidad de ordenar objetos por tamaño o peso. Por ejemplo, pedirle a un/a niño/a que ordene sus pinturas de menor a mayor tamaño.
    - Conservación: aunque la apariencia de algunas cosas cambien, su cantidad se mantiene invariable. Por ejemplo, se vierte la misma cuantía de agua en un vaso con forma de tubo y en un vaso cuyo diámetro es dos veces mayor. El/la niño/a entiende que existe la misma cantidad de agua en los dos vasos aunque la apariencia sea distinta.
    - Clasificación: saben agrupar objetos en función de alguna característica. Por ejemplo, saber agrupar alimentos, animales, etc.

- *Etapa de operaciones formales (a partir de 11 años)*
  - Desarrollo del pensamiento abstracto. El/la niño/a es capaz de pensar sobre posibilidades que pueden ocurrir y no solamente en experiencias reales.
  - Carácter hipotético-deductivo y proposicional: pueden generar conclusiones o crear soluciones para resolver problemas.
  - Surgen preocupaciones sobre cuestiones sociales y su identidad.

Tal y como se ha comentado, aunque Piaget reconocía la importancia de la maduración biológica, también enfatizaba el papel del contexto y la interacción con el entorno. Según su teoría, los/as niños/as aprenden y desarrollan sus habilidades cognitivas a través de la interacción activa con su entorno. Para ello, a través de la adecuación de los procesos de pensamiento, desarrollan un equilibrio necesario para adaptarse al medio. De esta manera, las acciones realizadas van encaminadas a paliar el desequilibrio surgido entre los esquemas cognoscitivos y el contexto ambiental. Mediante las acciones el sujeto consigue reestablecer el equilibrio y adaptarse al mundo a través de dos procesos interrelacionados: la *asimilación* y la *acomodación* (Íñigo *et al.*, 2002; Woolfolk, 2014).

- *La asimilación:* Es la incorporación de la nueva información adquirida, a través de la experiencia y del ambiente, mediante esquemas mentales o ideas ya existentes. Incluso, en ocasiones, se altera la información a incorporar para que encaje con los esquemas previos. Por ejemplo, un niño ve a una cebra por primera vez y la nombra caballo. Trata de ajustar la idea de la cebra a su esquema existente sin cambiar mucho, seguramente pensando que la cebra es un caballo con rayas.
- *La acomodación:* Es el proceso complementario por el cual la persona modifica los esquemas preexistentes para incorporar una nueva información. Es decir, surge cuando aparece una discrepancia ante la nueva información y los esquemas existentes. Por lo tanto, es necesaria la modificación de dichas estructuras cognitivas para que la nueva información encaje, o incluso generar unos nuevos. Por ejemplo, el niño ve la cebra por primera vez, pero modifica su esquema para entender que se trata de un animal diferente y aprende a diferenciarlo de los caballos, creando un esquema más complejo y preciso.

Para Piaget el aprendizaje se entiende como un proceso constructivo mediante el cual las personas encajan los nuevos conocimientos en las estructuras cognoscitivas previas (esquemas) mediante la asimilación y acomodación y, por tanto, todo aprendizaje dependerá del desarrollo cognitivo, por un lado, y de los esquemas previos de los que se dispone, por el otro (Piaget, 1970).

5.1.2. La teoría constructivista social de Vygotsky

Jean Piaget y Lev Vygotsky, dos de los psicólogos más influyentes en el campo del desarrollo cognitivo, tenían enfoques diferentes sobre el papel de la interacción social en el desarrollo del pensamiento infantil. Para Piaget la interacción social era un elemento importante en el desarrollo cognoscitivo del niño, pero no el principal para modificar el pensamiento, tal y como sí postulaba el psicólogo ruso Lev Vygotsky (1896-1934).

Vygotsky consideraba que las actividades humanas se desarrollan en ambientes culturales y que no pueden comprenderse de manera aislada de estos mismos. De tal manera, las interacciones sociales son más que meros elementos influyentes en el desarrollo cognoscitivo del niño, ya que en realidad son las que crean los nuevos procesos de pensamiento (Palincsar, 1998).

Por consiguiente, los/as niños/as aprenden a pensar y a comportarse no por patrones de desarrollo innatos sino mediante las interacciones sociales en las que el lenguaje cobra un papel crucial. Por ello, Vygotsky afirmó que no es posible comprender el desarrollo de un/a niño/a si no se tiene en cuenta la cultura en la que ha vivido. Desde esta perspectiva, las habilidades psicológicas del niño se desarrollan en dos momentos: primero en el ámbito social, y posteriormente en el ámbito individual, y a este proceso lo denominó *Ley de la doble formación*.

Una de las principales aportaciones de Vygotsky fue el concepto de la *zona de desarrollo próximo* (ZDP), término que acuñó para representar la brecha entre el conjunto de tareas que el/la niño/a es capaz de realizar por sí mismo/a (zona real de desarrollo), y las que podría hacer y aprender con la ayuda o guía de un adulto (zona de desarrollo potencial) (Vygotsky, 1978). Es decir, la ZDP es el área en la que un niño o una niña no alcanza a resolver un problema por sí solo, pero podría lograrlo con el apoyo de una persona o aprendiz más avanzado (véase la figura 5.1).

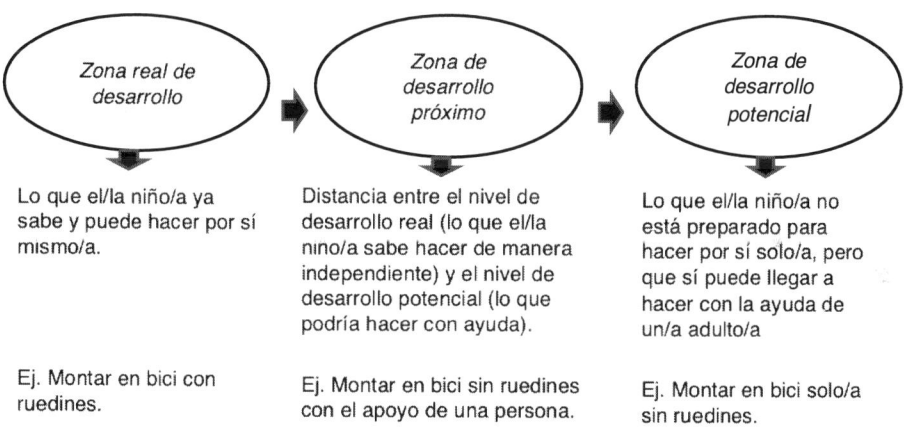

FIGURA 5.1. Zona de desarrollo próximo de Vygotsky. Elaboración propia.

El *andamiaje* es un concepto estrechamente relacionado con la zona de desarrollo próximo que explica cómo con las instrucciones y el apoyo adecuado un/a aprendiz puede adquirir habilidades o desarrollar tareas que no sería posible sin ayuda. Es decir, el andamiaje son las instrucciones o herramientas necesarias y adaptadas que recibe un/a alumno/a cuando se encuentra en la ZDP y que facilitan su aprendizaje. A medida que el/a niño/a mejora la competencia en la tarea, se le ofrece menos guía.

Aprender a montar en bicicleta resulta un claro ejemplo de andamiaje. Al principio, el/la niño/a utiliza ruedines para familiarizarse con la bicicleta y no caerse. Después, los padres le quitan los ruedines, le dan consejos e instrucciones de cómo mantener las manos y los pies y le ayudan a mantener el equilibrio corriendo tras él/ella. Poco a poco, el apoyo de los padres va desapareciendo hasta que el/la niño/a sabe montar en bicicleta de manera autónoma.

En el ámbito educativo el profesorado continuamente debe ofrecer a sus alumnos/as andamiajes adecuados y adaptados a su nivel de conocimientos y necesidades.

5.2. La teoría de Bruner: el aprendizaje por descubrimiento

El aprendizaje por descubrimiento consiste en que la propia persona transforma, descubre y adquiere el conocimiento por sí misma. De esta manera, el contenido no se presenta al alumnado en su formato final, sino que ellos mismos deben de descubrirlo. El profesorado actúa de guía y evita dar indicaciones sobre qué hacer y ofrece correcciones cuando se cometen errores. Su papel es conducir al estudiantado mediante preguntas que le lleven a resolver las dudas y a construir su propio conocimiento. Un ejemplo en el aula sería que un grupo de niños/as que conocen los colores primarios, descubriesen los secundarios mezclando pinturas de acuarelas por sí mismos/as.

Las principales características que definen el aprendizaje por descubrimiento son:
- *Las secuencias inductivas:* Se utilizan ejemplos particulares para que el alumnado pueda inferir el principio general. Es decir, se avanza desde unos conocimientos específicos a los más generales.
- *Aprendizaje de ensayo y error:* No existen instrucciones específicas sobre qué hacer. El sujeto descubre cuál es el camino correcto explorando alternativas y verificando si funcionan.

El maestro o la maestra pueden seguir una serie de pasos para diseñar actividades mediante el aprendizaje por descubrimiento (Bergan y Dunn, 1976):
- En primer lugar, la actividad debe organizarse despertando la actitud reflexiva del alumnado que le permita plantearse preguntas o dudas a resolver pero que sean accesibles y puedan ser descubiertas por ellos mismos.
- En segundo lugar, el profesorado debe guiar el proceso. Esto implica proporcionar pistas adecuadas que ayuden al alumnado. No se trata de enseñar

cómo dar con la solución final sino de realizar aportaciones que estimulen al estudiantado a formular y poner a prueba hipótesis que permitan resolver la situación de aprendizaje.

- En tercer lugar, el profesorado debe ofrecer retroalimentación para indicar al alumnado cuándo se resolvió el objeto de aprendizaje. Para Bruner la retroalimentación resulta imprescindible para que el estudiantado llegue a dominar un problema.
- Finalmente, a partir de los logros alcanzados, el profesorado deberá plantear otro tipo de situaciones de aprendizaje que permitan la adquisición de conocimientos y desarrollar la capacidad de descubrimiento.

Las principales ventajas que presenta este método de aprendizaje son las siguientes (Boyatzis *et al.*, 2015):
- Favorece la retención de los contenidos.
- El aprendizaje que se produce es fácilmente transferible a otras situaciones.
- Potencia la motivación intrínseca del estudiante.
- Resulta más divertido que el aprendizaje memorístico.
- Fomenta la participación activa y atenta en la elaboración de los contenidos de la materia.
- Favorece el comportamiento inductivo y científico al explorar los conocimientos por sí mismos/as.
- Resulta especialmente beneficioso cuando el alumnado tiene conocimientos previos.
- Enseña a los/as alumnos/as a aprender a aprender.

En cuanto a sus inconvenientes, diferentes autores señalan los siguientes (Gilstrap y Martin, 1975; Good y Brophy, 1995; Woolfolk y McCune, 1980):
- El aprendizaje por descubrimiento resulta ambiguo y menos eficaz que la enseñanza expositiva.
- El papel asumido por el profesorado es antinatural al no enseñar toda la información que sabe.
- El alumnado puede llegar a conclusiones erróneas que deberá desaprender posteriormente.
- Necesita de mucha planificación y de una estructuración muy cuidadosa.
- Resulta difícil implementarlo en grupos numerosos de estudiantes.
- No se considera una forma de aprendizaje eficaz para el alumnado que requiere de mayores niveles de instrucción para alcanzar los resultados previstos.

5.3.   La teoría de Ausubel: el aprendizaje significativo

David Ausubel (1918-2008) fue un psicólogo pedagogo estadounidense autor de la teoría del aprendizaje significativo y considerado, al igual que Jerome Bruner, uno de los principales pioneros y representantes del constructivismo.

Ausubel plantea que el aprendizaje significativo se produce cuando una nueva información se relaciona con un concepto ya existente en la estructura cognitiva de un individuo. Se entiende por estructura cognitiva el conocimiento o conjunto de ideas que un sujeto posee sobre un tema específico, y a estas estructuras previas Ausubel las denominó *inclusores*.

Por ello, resulta relevante conocer lo que el alumnado ya sabe para optimizar la orientación educativa. Lo importante es mostrar a los/as estudiantes los conocimientos que deben adquirir de manera estructurada para que puedan ser encajados adecuadamente en los esquemas que estos tienen. Es decir, el/la alumno/a debe establecer una relación entre lo que sabe y aquello que va a aprender, pero este proceso solo puede producirse si existen estructuras cognitivas con las cuales la nueva información pueda relacionarse. Por ello, no se considera que el aprendizaje de los educandos parta de cero, sino que los conocimientos que ya poseen resultan de beneficio (Ausubel, 1976).

A partir de esta concepción sobre lo que era el aprendizaje significativo, por un lado, y cómo se entendía el aprendizaje por descubrimiento, por el otro, Ausubel mantenía que existen cuatro tipos de aprendizaje que surgen como resultado de dos dimensiones: 1) el tipo de *estrategia que utiliza el profesorado* para presentar el material que se debe aprender, y 2) la *relación que establece el alumnado* entre los conocimientos previos y los nuevos. A continuación se definen los distintos tipos de aprendizaje:

Según la estrategia utilizada por el profesorado para presentar el material de aprendizaje (Sampascual, 2007):
-   *Aprendizaje por recepción:* El contenido es presentado en su formato final por parte del profesorado, y no requiere ningún tipo de elaboración o trabajo por parte de los alumnos/as más allá que su propio aprendizaje.
-   *Aprendizaje por descubrimiento:* Requiere de una mayor implicación y papel activo del estudiantado, ya que debe trabajar el contenido hasta dilucidar los conceptos importantes y su posterior asimilación. Es el propuesto por Bruner.

Según la relación que establece el aprendiz entre el conocimiento previo y el nuevo:
-   *Aprendizaje repetitivo:* Tal y como su nombre indica, se trata básicamente en la mera repetición arbitraria y literal de la información por parte de los/as

estudiantes hasta que sea asimilada. No se establecen conexiones significativas entre el conocimiento nuevo y el previo.
- *Aprendizaje significativo:* Se produce cuando el/la alumno/a sí establece conexiones sustanciales y relevantes entre aquello que debe aprender y los conocimientos previos, generándose significados nuevos. Es el teorizado por Ausubel.

A razón de esta tipología de tipos de aprendizaje, Ausubel sostenía que las dos dimensiones se interconectan dando lugar a diferentes posibilidades, resaltando por ejemplo que un aprendizaje significativo podía lograrse utilizando tanto estrategias expositivas (receptivo) como inductivas (por descubrimiento). Aunque, para el propio Ausubel, el proceso de aprendizaje ideal y más recomendable es aquel que se logra cuando es significativo por recepción (deductivo), de manera que es el profesorado quien expone el material de aprendizaje de manera clara y muy trabajada, y los/as estudiantes identifican y asimilan los conceptos fundamentales a la vez que los relacionan con el conocimiento previo (Cuevas-Caravaca, 2016). En definitiva, para Ausubel el aprendizaje óptimo es el que sigue una lógica deductiva, donde los principios y elementos generales objeto de estudio son expuestos por el/la docente para que los/as alumnos/as, mediante las conexiones establecidas entre lo nuevo y lo previamente adquirido, sean capaces de aplicar dicho conocimiento general a situaciones y casos concretos.

Según lo anterior, las dos condiciones necesarias para que se produzca el aprendizaje significativo son: 1) disposición de la persona para aprender significativamente y 2) el material tiene que tener un sentido lógico y ser potencialmente significativo, es decir, que la persona posea conocimientos previos (inclusores) con los que pueda relacionarse y consolidarse.

5.3.1. Formas de aprendizaje significativo

Según la forma en la que se relaciona el conocimiento nuevo con las estructuras previas el aprendizaje puede ser de tres formas (Ausubel, 1983; Sampascual, 2007):
- *Aprendizaje subordinado:* Cuando el contenido que se aprende se vincula o incorpora dentro de un concepto o de una idea más amplia preexistente en la estructura cognitiva del alumnado. A su vez, existen dos tipos de aprendizaje subordinado:
  - *Derivativo:* Cuando la nueva información que se adquiere son ejemplos específicos de la información que ya se posee. Por ejemplo, un niño sabe que los perros pueden morder y le cuentan que a su primo le ha mordido uno (idea establecida: los perros a veces muerden; nuevo aprendizaje: pueden morder a las personas también). La nueva información se incorpora como un ejemplo de la anterior información más general.

- *Correlativo:* Cuando la nueva información que se presenta es una ampliación o modificación de ideas que ya existen en el individuo aprendidas. Por ejemplo, las aves vuelan, pero hay excepciones (idea establecida: las aves vuelan; nuevo aprendizaje: hay excepciones como el pingüino o el avestruz).
- *Aprendizaje supraordenado:* Cuando la nueva información se vincula como una idea o un concepto que abarca y engloba las ideas previas que posee el alumnado. Por ejemplo, el niño puede conocer y distinguir distintos colores: rojo, amarillo, verde, azul, etc., y puede luego aprender el concepto de color, en el que englobarían esas informaciones previas que ya conocía. Otro ejemplo sería: una de las características idiosincráticas de las aves es que tienen el cuerpo recubierto de plumas, sin embargo, algunas están desarrolladas para poder volar y otras para poder desplazarse por el agua (idea establecida: el cuervo es un ave que vuela, el vencejo es un ave que vuela, el pingüino es un ave que no vuela pero se desplaza por el agua, etc.; nuevo aprendizaje: el concepto general de que si bien todas las aves están recubiertas de plumaje, algunas son aptas para volar mientras que otras para desplazarse por el agua).
- *Aprendizaje combinatorio:* El nuevo conocimiento que se quiere aprender es visto en relación con las ideas previas, pero esta nueva información no se vincula ni de manera subordinada ni supraordenada. Por ejemplo, en esta asignatura hemos estudiado cómo se explica el aprendizaje desde el punto de vista del conductismo y desde el punto de vista observacional. Si ahora aprendemos cómo se explica desde un enfoque cognitivo, la incorporación de estas ideas las relacionamos con aquellas, pero no de una manera subordinada ni supraordenada.

5.3.2. Tipos de aprendizaje significativo

- *Representacional:* Es la capacidad de atribuir significados a palabras o símbolos. Por ejemplo: El aprendizaje de la palabra *pelota* sucede cuando el significado de dicha palabra se convierte en equivalente a su representación; es decir, significan lo mismo para el/la niño/a.
- *Conceptual:* Hace referencia a objetos, eventos o situaciones que tienen características comunes y se designan mediante símbolos o signos. Se adquieren a través de dos procesos:
    - *Formación de conceptos:* Características del concepto que son adquiridas por una experiencia directa con el objeto. Ejemplo: el niño aprende el concepto de *pelota* al tener relación con ella y con la de otros/as niños/as.
    - *Asimilación de conceptos:* Se produce cuando el/la alumno/a amplía su vocabulario y puede reconocer una pelota con independencia de sus atributos físicos (tamaño, color o forma).

- *Proposicional:* El conocimiento surge cuando se combinan varios conceptos relacionados y que permiten elaborar ideas. Esta idea es más que la suma del significado de cada concepto y genera un significado nuevo. Por ejemplo: una vez entendido qué y cómo es una pelota entender que en cada deporte se utiliza un tipo de pelota diferente.

5.3.3. Los organizadores avanzados (OAV)

Ausubel propone el uso de organizadores previos como material introductorio antes de presentar la nueva información que los/as alumnos/as deben aprender y que se relaciona con las ideas que ya tienen. Es decir, la función del organizador previo es crear enlaces adecuados entre las ideas previas que el alumnado tiene y la nueva información que va a presentarse. Pueden ser comparativos y expositivos (Ausubel y Barberán, 2002):

- *Los organizadores comparativos:* Se utilizan cuando el estudiantado está familiarizado con el tema que va a tratarse; es decir, cuando existen conocimientos previos. Un ejemplo sería el utilizado por Eggen *et al.* (1979) para introducir el estudio de sistemas de ríos. Probablemente los alumnos todavía no habían profundizado en este tema y antes de hacerlo, se presentó un organizador previo que comparaba el sistema de los ríos con el sistema circulatorio que, supuestamente, ya era conocido por ellos. La siguiente analogía con el sistema circulatorio podría ayudar a los alumnos a desarrollar conocimientos previos sobre los ríos que serán trabajados con mayor profundidad posteriormente.

> Un sistema de ríos es tan importante para los otros elementos del ambiente físico como el sistema circulatorio lo es para el cuerpo humano. Tienen algunas características en común. Un gran río, tal como el río Mississipí, suministra la «sangre de la vida» – agua – para plantas y animales, así como para la agricultura e industrias hidroeléctricas, justamente como la aorta, siendo la arteria principal, lleva sangre a las partes del cuerpo. Además de agua, lleva también muchas fuentes de alimentos para plantas y animales. En este aspecto, los ríos se parecen a las arterias de nuestro cuerpo que transportan nutrientes para diferentes partes del cuerpo. Son como venas cuando llevan productos inútiles para el mar. Sin embargo, un sistema de ríos difiere del sistema circulatorio en el aspecto de que tanto el suministro de alimentos como los elementos inútiles son transportados en un único canal. Otra semejanza es que, como vasos capilares, afluentes alimentan el río. Por tanto, como sistema circulatorio, el sistema de ríos funciona como cargador de fuentes de energía y como transportador de productos inútiles.

> Así como el hombre puede hacer mal uso del sistema circulatorio, puede también hacer mal uso de un sistema de ríos. Cuando el río carga muchos residuos, empieza a obstruirse, exactamente como una vena o arteria puede ser obstruida. Fábricas a lo largo

de ríos, erosión del suelo causada por métodos de agricultura o prácticas forestales inadecuados son las principales causas de obstrucción. Asimismo, productos químicos, fertilizantes e insecticidas usados por los agricultores han causado una alteración en la vegetación a lo largo de los ríos. Como en el sistema circulatorio, estos daños, a veces, no pueden ser reparados y, cuando esto es posible, consumen mucho tiempo (p. 263).

De manera más específica, un ejemplo para el alumnado en etapa preescolar sería cuando ya han aprendido el desarrollo de las plantas y se establece una analogía con el funcionamiento del cuerpo humano.

- *Los organizadores expositivos:* Se utilizan cuando el alumnado no dispone de los conocimientos previos necesarios para entender la información que va a presentarse; es decir, cuando el material de estudio es totalmente nuevo y desconocido para él. Por ejemplo, queremos que el alumnado aprenda las diferentes formas de alimentación de los animales y su clasificación. Para ello, antes deben adquirir los conceptos de carnívoro, herbívoro y omnívoro.

Referencias bibliográficas

AUSUBEL, D. P. (1976). *Psicología educativa. Un punto de vista cognoscitivo.* Trillas.

AUSUBEL, D. P. (1983). Teoría del aprendizaje significativo. *Fascículos de CEIF,* 1, pp. 1-10.

AUSUBEL, D. P., y S. BARBERÁN (2002). *Adquisición y retención del conocimiento una perspectiva cognitiva.* Ediciones Paidós.

BERGAN, J. R., y J. A. DUNN (1976). *Psychology and education.* Wiley. (Trad. esp.: Limusa, 1980).

BOYATZIS, R. E., J. M. BATISTA-FOGUET, X. FERNÁNDEZ I MARÍN y M. TRUNINGER (2015). EI competencies as a related but different characteristic than intelligence. *Frontiers in psychology, 6,* 72.

BRUNING, R. H., G. J. SCHRAW y M. M. NORBY (2011). *Cognitive psychology and instruction.* 5.ª ed. Pearson.

CUEVAS-CARAVACA, E. (2016). *Psicología de la Educación. Manual del estudiante.* Fundación Universitaria San Antonio

EGGEN, P. D., D. P. KAUCHAK y R. J. HARDER (1979). *Strategies for teachers.* Prentice-Hall.

GILSTRAP, R. I., y W. R. MARTIN (1975). *Current strategies for teachers: A resource for personalizing education*. Goodyear.

GOOD, T. L., y J. BROPHY (1995). *Contemporary Educational Psychology*. Longman. (Trad. esp.: McGraw Hill / Interamericana, 1996).

ÍÑIGO, A. C., F. G. MARTÍNEZ, P. H. YBARRA, J. A. G. MADRUGA y P. P. DE LEÓN (eds.) (2002). *Psicología evolutiva*. UNED.

PALINCSAR, A. S. (1998). Social constructivist perspectives on teaching and learning. En J. T. Spence, J. M. Darley y D. J. Foss (eds.), *Annual Review of Psychology* (pp. 345-375). Annual Reviews.

PIAGET, J. (1954). *The construction of reality in the child* (M. Cook, trans.). Basic Books.

PIAGET, J. (1963). *Origins of intelligence in children*. Norton.

PIAGET, J. (1970). Piaget's theory. En P. H. Mussen (De.), *Carmichael's manual of child psychology*. John Wiley and Sons.

PIAGET, J. (1984). *La representación del mundo en el niño*. Ediciones Morata.

SALDARRIAGA-ZAMBRANO, P. J., G. D. R. BRAVO-CEDEÑO y M. R. LOORRIVADENEIRA (2016). La teoría constructivista de Jean Piaget y su significación para la pedagogía contemporánea. *Dominio de las Ciencias, 2* (3 especial), pp. 127-137.

SAMPASCUAL, G. (2007). *Psicología de la Educación (tomo 1)*. UNED.

VYGOTSKY, L. S. (1978). *Mind in society: The development of higher mental process*. Harvard University Press.

WOOLFOLK, A. E. (2014). *Psicología educativa,* 11.ª ed. Prentice-Hall.

WOOLFOLK, A. E., y L. MCCUNE (1980). *Educational psychology for teachers*. Prentice-Hall. (Trad. esp.: Narcea, 1983).

6. Motivación escolar y autoconcepto

6.1. Parte I: Motivación escolar

6.1.1. ¿Qué es la motivación?

La motivación es un estado interno que activa, dirige y mantiene la conducta. La psicología de la motivación intenta dar explicación a ¿por qué se inicia una conducta?, ¿cómo se mantiene?, ¿qué pensamientos y emociones tiene un/a alumno/a mientras realiza una actividad?, ¿por qué algunos/as estudiantes persisten en sus metas mientras otros desisten?, ¿cuáles son las diferencias motivacionales entre los/as aprendices y cómo surgen?

Según Reeve *et al.,* (1994) la motivación es considerada el motor de las acciones del ser humano mediante un proceso dinámico formado por cuatro etapas: 1) anticipación, 2) activación y dirección, 3) conducta activa y retroalimentación del rendimiento y 4) resultado.

Todos los seres humanos actuamos por motivos. Es decir, intentamos conseguir aquello que necesitamos o deseamos (alimentos, prestigio, reconocimiento social, dinero) o evitamos estados nocivos (dificultades, dolor, hambre, castigos). En la *fase de anticipación,* el individuo siempre tiene algún motivo que satisfacer y el comportamiento va dirigido a la consecución de una meta. Durante la *fase de activación y dirección,* estímulos extrínsecos o intrínsecos activan el motivo y esto a su vez promueve la conducta. Durante la *conducta activa y la retroalimentación del rendimiento,* el aprendiz desencadena conductas y aprende cuáles resultan eficaces o ineficaces para conseguir el objetivo. En la *fase de resultado,* el individuo experimenta las consecuencias de haber satisfecho o no el motivo.

6.1.2. Motivación intrínseca y extrínseca

Motivación intrínseca

Es aquella que se origina dentro del individuo y que le activa para hacer lo que desea, es decir, actividades que resultan gratificantes por sí mismas. Por tanto, es una motivación que no depende de estímulos externos, ni de refuerzos ni castigos. Cuando un niño realiza los ejercicios en clase por curiosidad y el deseo de aprender, su conducta es promovida por motivaciones intrínsecas. Su persistencia no dependerá de factores externos sino de deseos internos (Deci y Ryan, 1985).

Este tipo de motivación se relaciona con estrategias de aprendizaje significativo, mayores sentimientos de eficacia y un mejor rendimiento académico. El estudiantado se siente competente y satisfecho consigo mismo sin esperar recompensas ni reconocimientos externos.

Motivación extrínseca

La motivación extrínseca tiene su origen en el exterior del individuo, es decir, es aquella provocada por otras personas o por el ambiente, ya sea por la presencia de recompensas o castigos. Los/as estudiantes pueden realizar actividades académicas que resultan poco interesantes para ellos/as promovidos por estas influencias externas.

Este tipo de motivación se encuentra estrechamente relacionada con los postulados conductistas u operantes de la conducta y es una de las más utilizadas para motivar al alumnado en el aula: «si te portas bien, podrás salir al recreo antes». Sin embargo, en ocasiones no resulta del todo eficaz para motivar a los aprendices.

Según Deci y Ryan (1985), autores de la teoría de la autodeterminación, esto es debido a que cuando una recompensa es ofrecida al estudiante antes de hacer una tarea que le atrae o no le supone esfuerzo, su motivación disminuye, ya que la atención pasa a focalizarse únicamente en la obtención de la recompensa. De esta manera la tarea se convierte en un simple medio para conseguir lo prometido y se realiza lo antes posible y sin prestar atención. Sin embargo, cuando la recompensa se ofrece para una actividad que no gusta, sí surgirá la motivación esperada (Cameron y Pierce, 1994; Eisenberger y Cameron, 1996; Henderlong y Lepper, 2002).

Actualmente se considera que el ser humano suele combinar los dos tipos de motivación (intrínseca y extrínseca). Un/a alumno/a puede hacer los deberes por interés en aprender y para recibir un elogio de la profesora a la que tanto admira.

6.1.3. Teorías de la motivación

En los siguientes apartados se presenta una clasificación de las distintas teorías de la motivación según su orientación teórica, entre las cuales se pueden distinguir teorías conductistas, teorías humanistas y teorías cognitivas.

6.1.3.1. *Teorías conductistas*

Las teorías conductistas de la motivación se centran en cómo las recompensas y las consecuencias de las acciones influyen en el comportamiento y en la motivación del estudiantado. Según estas teorías, la motivación puede ser entendida en términos de condicionamiento y aprendizaje. Los incentivos son estímulos positivos o negativos que impulsan la conducta de un/a estudiante. Entre los principales incentivos que usan los/as maestros/as en el aula se encuentran: calificaciones, marcas de verificación o pegatinas por un trabajo bien hecho, elogios y reconocimiento verbal delante de los/as demás o refuerzos materiales (Santrock, 2016).

Una de las principales teorías conductistas de la motivación es la teoría de la reducción del impulso de Hull. Esta teoría, desarrollada en las décadas de 1930 y 1940, se basa en el concepto de *homeostasis,* que es el equilibrio o estabilidad interna del organismo. La motivación es el resultado de la necesidad de reducir los impulsos fisiológicos, que son estados de tensión o activación causados por necesidades biológicas no satisfechas, para volver a un estado de equilibrio. Para este autor el impulso y el incentivo son dos de los factores explicativos clave de la motivación animal y humana.

El impulso es un estado de tensión interna que resulta de una necesidad fisiológica no satisfecha, como el hambre, la sed o la necesidad de dormir y que motiva al organismo a realizar comportamientos que reduzcan esa tensión. La reducción del impulso ocurre cuando una acción satisface la necesidad fisiológica y, por lo tanto, reduce la tensión interna. Este proceso de reducción del impulso es reforzante y aumenta la probabilidad de que el comportamiento que provocó la reducción del impulso se repita en el futuro.

Los comportamientos que resultan en la reducción de impulsos se convierten en hábitos, y estos hábitos son respuestas aprendidas que se fortalecen a través del refuerzo (reducción del impulso).

El incentivo depende de la calidad y cantidad de los refuerzos. Lo que determina en buena medida la persistencia no es tanto el impulso inicial, sino el incentivo. Junto al estado de necesidad, el incentivo que supone alcanzar un determinado objetivo explica la persistencia del sujeto hacia la meta. Este factor considera el atractivo de la meta para reducir la ansiedad. Cuanto más atractiva sea la meta, mayor probabilidad hay de que se produzca la conducta o el hábito. La dirección de la conducta la provee tanto el hábito como el incentivo. La relación entre los tres elementos es multiplicativa porque sin la presencia de uno no se dan los otros; así, por ejemplo, el alimento (incentivo) solo tiene valor para el sujeto si hay necesidad (hambre) que impulse a comer (actividad).

La teoría de Hull no considera como impulso solamente las necesidades de tipo biológico, sino que establece que hay también impulsos adquiridos. Un estímulo neutral adquiere propiedades impulsivas para la conducta si se asocia con un impulso primario. Esto ocurre principalmente con los impulsos aversivos o de evitación, como puede ser el miedo o la ansiedad.

Estas explicaciones se han mostrado insuficientes para explicar determinadas conductas, ya que la activación de las mismas no depende únicamente de carencias o necesidades. Algunos profesionales de la psicología plantean que la fuerza motivacional ante algunos incentivos puede darse simplemente por hedonismo, por el placer o la felicidad que provoca obtenerlos. Los incentivos, pues, independientemente de su valor homeostático para reducir una necesidad o un impulso, pueden activar la conducta, si bien teniendo en cuenta que estos no tienen el mismo valor para todos los sujetos ni aun para el mismo sujeto en momentos diferentes (Sampascual, 2007).

6.1.3.2. *Teorías humanistas*

Las teorías humanistas se centran en el potencial humano y en la creencia de que las personas son inherentemente buenas y tienen una capacidad innata para el crecimiento personal y la autorrealización. Esta perspectiva surgió en respuesta a las limitaciones percibidas del conductismo y el psicoanálisis, que eran las escuelas dominantes de la psicología en el siglo XX. Uno de los principales planteamientos humanistas es la teoría de las necesidades propuesta por Maslow (1968).

Maslow establece una serie de necesidades ordenadas jerárquicamente que deben ser satisfechas, empezando por las más básicas y avanzando hacia las más complejas. De este modo, un individuo solo podrá estar motivado por satisfacer una necesidad superior cuando haya satisfecho las necesidades anteriores. Cuando existe conflicto entre dos necesidades, la persona se decantará generalmente por la inferior. Las necesidades propuestas por Maslow son:

1. *Necesidades fisiológicas:* Son las más básicas para la supervivencia (alimentación, sueño, refugio, etc.).
2. *Necesidad se seguridad física y psicológica:* Necesidad de tener un entorno donde se sienta seguridad, ausente de peligros y amenazas físicas y/o psicológicas.
3. *Necesidad de pertenencia y afecto:* Necesidad de sentirse parte de un grupo social (escuela, amigos, familia) y desarrollar relaciones afectivas.
4. *Necesidad de autoestima:* Necesidad de valorarse positivamente a sí mismo/a y aceptado/a por los demás. Su no satisfacción produce sentimientos de inferioridad y abandono.
5. *Necesidad de logro intelectual:* Necesidad de conocer y comprender el entorno, de aprender cosas nuevas y aumentar sus conocimientos. No aparece en todas las personas con tanta claridad como las anteriores.
6. *Necesidad de apreciación estética:* Búsqueda del orden, de la belleza personal y del entorno.

7. *Necesidad de autorrealización:* Es el nivel más alto en la jerarquía de necesidades. Cuando el sujeto alcanza esta necesidad es capaz de desarrollar sus capacidades personales y su máximo potencial dentro del ámbito familiar, escolar o profesional, y realizase de acuerdo con un proyecto de vida personal y con un sistema de valores.

A su vez, estas siete necesidades se agrupan en dos categorías: necesidades de deficiencia y necesidades de ser. En las *necesidades de deficiencia* se encuentran las cuatro necesidades más bajas de la jerarquía, y se caracterizan porque su no consecución impide que se desarrolle cualquier otro tipo de necesidad superior. Cuando estas son satisfechas, desaparecen y permiten aparecer las denominadas como superiores o *necesidades de ser*. En este grupo se incluyen las otras tres necesidades que permiten un desarrollo específico del individuo como ser humano de acuerdo con una personalidad y con un proyecto de vida propios. Además, estas necesidades no se extinguen cuando son atendidas, sino que aumentan (Sampascual, 2007). Por ejemplo, cuando un/a alumno/a estudia y aprende sobre una materia y siente la necesidad de seguir ampliando los conocimientos sobre ella. La mayoría de las personas no llegan a alcanzar la autorrealización, y su desarrollo se detiene cuando se alcanza la necesidad de autoestima.

Aunque la jerarquía de necesidades de Maslow ha sido ampliamente aceptada y utilizada en psicología, también ha recibido críticas. Algunos/as autores/as consideran la teoría demasiado simplista y argumentan que no tiene en cuenta las diferencias individuales en la motivación. Además, se ha cuestionado si esta estructura de las necesidades realmente sigue una jerarquía fija y si es necesario satisfacer las necesidades inferiores para alcanzar otras superiores e incluso llegar a la autorrealización.

Sin embargo, su implicación en el ámbito educativo es evidente. Parece obvio que un/a alumno/a no estará motivado/a para aprender hasta que tenga sus necesidades fisiológicas satisfechas, se sienta querido, seguro y aceptado. Esto explica por qué el estudiantado que proviene de hogares pobres o desestructurados tienen menor probabilidad de alcanzar logros académicos. Aunque, por otro lado, es importante destacar aquellos casos en los que, a pesar de no tener cubierta alguna necesidad inferior, sí se da la motivación necesaria para implicarse significativamente en el ámbito académico (por ejemplo, un/a alumno/a que no tiene cubierta la necesidad de seguridad en el ámbito del hogar y, sin embargo, se esfuerza por aprender y superar el curso académico).

6.1.3.3. *Teorías cognitivas*

6.1.3.3.1. *Los motivos sociales: teoría de la motivación de logro*

La *motivación de logro* es aquella que impulsa y dirige a un individuo a realizar tareas difíciles, superarse a sí mismo y alcanzar metas reconocidas socialmente. A menudo se ha relacionado de manera equívoca la motivación de logro con el término *competición*. Cuando un/a estudiante siente motivación de logro asume retos y realiza actividades académicas con éxito sin importarle los demás. Sin embargo, cuando existe competición se hará cualquier cosa para evitar que el resto de compañeros/as obtengan buenos resultados también.

Esta teoría fue propuesta inicialmente por McClelland y Atkinson (McClelland y Winter, 1966). McClelland propuso que la motivación se basa en dos elementos: uno de tipo cognitivo, las expectativas, y otro de tipo emocional, el valor del incentivo.

Las *expectativas* son las creencias que tiene un individuo sobre sus propias habilidades y capacidades para alcanzar sus objetivos. Por ejemplo, si una persona considera que no tiene la capacidad suficiente para resolver con éxito una tarea, se sentirá desmotivada para realizarla.

El *valor del incentivo* se refiere al atractivo del incentivo o recompensa. Depende, principalmente, de los deseos, las metas y las necesidades de cada individuo. Por ejemplo, un incentivo para un/a estudiante puede ser la consecución de un premio material específico, mientras que, para otro/a, el reconocimiento por parte del profesorado o de su familia puede ser más motivador.

Cuando ambos elementos (expectativas y valor del incentivo) son positivos se produce una conducta de aproximación y, si son negativos, de evitación. Por ejemplo, cuando un/a estudiante prepara la EvAU, si las expectativas que tiene de superarla son altas y, al mismo tiempo, acceder a una determinada carrera universitaria le resulta atractivo, su motivación para el estudio será alta. Por el contrario, si las expectativas de aprobar son bajas y no tiene claro si desea o qué desea seguir estudiando, no tendrá motivación para el estudio.

De una manera más explícita, Atkinson (1964) propuso que la fuerza de la motivación de una persona para alcanzar cualquier objetivo es el resultado del producto de tres factores: la fuerza del motivo o impulso, la expectativa o probabilidad de éxito y el valor del incentivo (Sampascual, 2007):

-   *El motivo* o *impulso* es una disposición general y estable para luchar por un tipo particular de satisfacción, e incluye dos dimensiones: motivo de éxito (motivación de logro) y motivo de evitación del fracaso.

- *La expectativa* es la anticipación cognitiva que se forja el sujeto sobre la probabilidad de conseguir el incentivo o la meta y tiene dos dimensiones: expectativa de éxito y expectativa de fracaso.
- *El valor del incentivo* es la atracción que tiene la meta para el individuo, e incluye también dos dimensiones: atracción y aversión. De manera que esta teoría propone que existen dos tipos de motivación de logro promovidas por fuerzas contrapuestas: la motivación para conseguir el éxito y la motivación para evitar el fracaso. Su resultado es la suma algebraica de ambas fuerzas.

Atkinson plantea que todos los seres humanos tenemos tanto la motivación para lograr el éxito como la motivación para evitar el fracaso, si bien difieren en cuanto a su disposición para afrontar el riesgo. En este sentido, en el aula existen alumnos/as que se esfuerzan por superarse y alcanzar metas mientras otros/as no muestran interés. La motivación de logro puede manifestarse a través de dos conductas que evidencian la predisposición del individuo: 1) la dificultad de la actividad que elige y 2) el grupo con el que decide trabajar.

De esta manera, alumnos con baja motivación de logro elegirán actividades muy fáciles para garantizar el éxito o muy difíciles, que no sepa hacer nadie, para no ser cuestionados socialmente cuando fracasen. Esto explica por qué a veces los/as estudiantes optan por actividades que se encuentran por encima de sus posibilidades. No significa que no sean conscientes de ello, sino que en el caso de fracaso no pasará nada.

Sin embargo, cuando existe alta motivación de logro, los/as alumnos/as eligen tareas de dificultad intermedia o retos moderados cuyas probabilidades de éxito o fracaso se repartan a partes iguales. No eligen tareas muy fáciles cuya realización no suponga ningún mérito, ni tampoco las más difíciles que pongan en evidencia que no saben hacerlas.

Respecto a la elección del grupo para un trabajo, los/as alumnos/as con baja motivación de logro elegirán amigos/as que no le recriminen que no sea competente o lo haga mal. Sin embargo, los de alta motivación de logro preferirán compañeros/as que sepan y garanticen el éxito de la tarea.

6.1.3.3.2. *Desarrollo de la motivación logro*

Los trabajos científicos orientados a profundizar en el conocimiento sobre la motivación de logro se han focalizado sobre todo en estudiar cómo el comportamiento de los padres y de las madres o tutores y tutoras influye en el propio desarrollo y proceso de motivación de sus hijos e hijas.

En primer lugar, se resalta el trabajo desarrollado por Winterbottom (1958) quien subrayó la importancia de las experiencias tempranas y la crianza en el desarrollo de este tipo de motivación. Los resultados obtenidos apuntan que aquellos/as adolescentes con alta motivación de logro tenían madres que habían fomentado su independencia desde pequeños/as, asignándoles determinadas responsabilidades como el cuidado de su propia habitación, además de utilizar como estrategia principal los reforzadores positivos, como la muestra de afecto o los elogios, en lugar de hacer uso de los castigos. Por el contrario, aquellos niños y niñas con baja motivación de logro se asociaron con madres que habían limitado el desarrollo de su independencia y con tendencia a la sobreprotección.

Por otro lado, se destacan los trabajos desarrollados por otros equipos de investigación, como por ejemplo el dirigido por Rosen y D'Andrade (1959), quienes descubrieron que las expectativas y el refuerzo de los progenitores son claves para cultivar la motivación de logro. Específicamente, los resultados obtenidos sugieren que los padres y las madres de niños/as con alta motivación de logro establecían aspiraciones significativamente más elevadas y utilizaban refuerzos positivos inmateriales (elogios y muestras de cariño) cuando se daban comportamientos adecuados mientras que, a su vez, eran también más críticos ante conductas consideradas inadecuadas, en comparación con aquellos progenitores cuyos hijos e hijas mostraban bajos niveles de motivación de logro. También cabe mencionar las investigaciones del grupo dirigido por Heckhausen (1967), el cual halló que la motivación orientada al éxito de los niños y de las niñas se relacionaba directamente con la conducta de aquellos padres y madres que alentaban y reforzaban los esfuerzos realizados, independientemente del resultado final, mientras que en aquellos casos en los que la atención de los progenitores se focalizaba en la crítica del rendimiento, dejando de lado la consideración del esfuerzo y persistencia demostrados, se promocionaba una motivación orientada a la evitación del fracaso en aquellos niños y niñas. Además, también se observó que la distribución de la motivación de logro parecía variar en función de la clase social y nivel de estudios, dándose una tasa mayor de este tipo de motivación en aquellas familias con un estatus social y educativo mayor.

Tras lo expuesto se puede concluir que las expectativas, el tipo de reforzamiento y la promoción de la independencia y la autoconfianza desde edades tempranas en el entorno familiar son cruciales para desarrollar la motivación de logro en los niños y en las niñas. Si bien es cierto que las experiencias escolares y los equipos docentes también son importantes, sobre todo en el mantenimiento de la motivación de logro, la fórmula más favorable para promocionar dicha motivación parece ser aquella que tiene en cuenta la tolerancia, las altas expectativas y el reforzamiento adecuado desde edades tempranas.

6.1.3.3.3. *Teoría motivacional de la atribución de Weiner*

La teoría de la atribución describe la forma en que los seres humanos explicamos lo que nos sucede. En el ámbito académico son las justificaciones e interpretaciones que un/a alumno/a realiza sobre las causas del éxito o fracaso en los resultados que obtiene. Estas explicaciones influyen de manera determinante en la actitud del/la aprendiz hacia la materia, en su rendimiento académico, motivación y concepto que tiene de sí mismo/a.

Según B. Weiner (2000), existen tres dimensiones para explicar las causas atribuidas a los éxitos o los fracasos que influyen de manera taxativa en la motivación (véase la tabla 6.1). Estas son:

- *Locus* (ubicación interna o externa de la causa). Por ejemplo, considerar que un examen ha sido suspendido por su nivel de dificultad es una atribución de *locus* externa. Sin embargo, creer que fue debido por falta de horas de estudio, es interna. El *locus* de control interno y externo se relaciona con la autoestima. Cuando el éxito o el fracaso se atribuyen a causas internas, el éxito provocará satisfacción y orgullo («soy buena haciendo deporte porque tengo habilidades para ello y me esfuerzo»), sin embargo, el fracaso debilitará la autoestima («soy malo haciendo deporte porque soy torpe»).
- *Estabilidad* (si la causa se mantiene permanente en el tiempo o cambiante en diferentes situaciones). Por ejemplo, la habilidad es estable pero la suerte puede cambiar. Esta dimensión se relaciona de manera significativa con las expectativas futuras. Si un/a alumno/a suspende y atribuye las causas de su fracaso a condiciones estables, como la dificultad de la materia, tendrá la expectativa de volver a suspender en los siguientes exámenes. Pero si lo atribuye a causas inestables, como la falta de esfuerzo, sentirá que dedicándole más tiempo es capaz de aprobar el siguiente examen.
- *Controlable* (cuando la causa es controlable o manipulable por el individuo o no lo es). Por ejemplo, el esfuerzo en una actividad es controlable pero la capacidad o el talento para el baile es innato. Esta dimensión se relaciona con sentimientos como la vergüenza, la culpa, el enojo y la gratitud. El fracaso en una tarea incontrolable genera frustración y resignación, y si es controlable culpabilidad. Cuando nos consideramos responsables del éxito, nos sentiremos orgullosos (Weiner, 2010).

DIMENSIÓN	ATRIBUCIONES	CONSECUENCIAS
Locus de causalidad	Interno	Capacidad, esfuerzo
	Externo	Suerte, dificultad tarea
Estabilidad	Estable	Capacidad, dificultad de la tarea
	Inestable	Suerte, esfuerzo
Controlabilidad	Controlable	Esfuerzo, estrategias
	Incontrolable	Capacidad, dificultad, suerte

TABLA 6.1. Atribuciones causales. Elaboración propia.

Los principales problemas motivacionales aparecen cuando el alumnado considera que los fracasos son debidos a causas internas, estables e incontrolables (por ejemplo, la capacidad o la habilidad), ya que se sienten vulnerables ante el fracaso. Esto produce sentimientos de apatía y no suelen pedir ayuda a padres o profesores porque creen que no hay nada que se pueda hacer produciendo así una espiral de fracasos y encubrimientos respecto a las dificultades y resultados que obtienen (Marchland y Skinner, 2007). Por otro lado, la situación más positiva posible que los/as estudiantes pueden experimentar a este respecto, es cuando la atribución del éxito se asocia con causas internas, inestables y controlables.

Los seres humanos además de realizar atribuciones sobre nosotros mismos también las hacemos sobre las causas de los éxitos y los fracasos de los demás. Cuando un/a docente considera que el fracaso de un/a alumno/a es debido a causas externas, es decir, incontrolables para él/ella, suele responder de manera compasiva y evitar castigos. Sin embargo, si el fracaso es atribuido tanto a causas internas como controlables, como el esfuerzo, es probable que responda de manera autoritaria y aplique castigos (Weiner, 1986, 2000).

6.1.3.3.3.1 La intervención en las atribuciones causales en el aula

Con el fin de establecer unas pautas básicas para el/la docente sobre la intervención en las atribuciones causales que el alumnado hace, Bueno (1995, 1998) establece una serie de respuestas a preguntas clave:

- *¿Por qué?*
  Existen atribuciones para el alumnado que resultan dañinas y minan sus expectativas para el éxito y la motivación.
- *¿Quién y dónde?*
  El equipo docente, con la colaboración de padres y de madres, alumnos/as y tutores/as. Se llevará a cabo en cualquier contexto, pero principalmente en aquellos lugares donde se produce la enseñanza para que la intervención sea más efectiva.
- *¿Cuándo?*
  Las atribuciones en los/as estudiantes se producen principalmente cuando se corrige un examen o un ejercicio. Inmediatamente después hay que actuar, ya que se consiguen los mejores resultados re-atribucionales. No obstante, es importante intervenir antes y durante la realización de la tarea también.
- *¿Cómo y en qué términos?*
  El proceso re-atribucional, es decir, la modificación de las atribuciones del/la aprendiz se realiza mediante diálogo y persuasión verbal entre el/la docente y el/la alumno/a. A continuación se indican una serie de recomendaciones para llevarlo a cabo:
  o En caso de éxito en la tarea o el examen realizado es importante:
    - Indicarle al/a alumno/a que ha mostrado capacidad y habilidades suficientes para hacerlo.
    - Que esta atribución se trata de algo:
      - Interno: se encuentra dentro de él/ella siempre y no depende de nadie.
      - Estable: le va a acompañar siempre y puede hacer uso de ella cuando quiera.
    - Enfatizar que es un mérito personal y debería sentirse orgulloso/a por haberlo obtenido.
  o En caso de fracaso en la tarea o examen realizado es importante:
    - Para alumnos/as con capacidades que puedan encontrarse más limitadas:
      - Se indagará en cómo ha sido la tarea realizada. El/la docente atribuirá las causas del fracaso a errores cometidos durante el proceso y ofrecerá pautas claras y sencillas que sirvan de guía para el acorde desempeño futuro del alumnado.

- Se reforzarán expectativas de éxito futuras mediante la explicación y corrección de los aspectos a mejorar.
- Cuando el/la alumno/a es capaz y competente pero no se esfuerza lo suficiente, se reflexionará acerca de la falta de esfuerzo como causa del problema y como un elemento interno (depende de él/ella), inestable (puede modificarse para la próxima vez) y controlable (puede ser dominado a su voluntad).

Suele ser habitual atribuir el fracaso del alumnado a la falta de esfuerzo con ánimo de conseguir más dedicación y resultados favorables en su rendimiento. Sin embargo, a veces es probable que los/as estudiantes sí se hayan esforzado a pesar del bajo resultado obtenido. Esto contribuirá a minar su autoestima porque interiorizará que por mucho que se esfuerce es incapaz de hacerlo bien. En este sentido, es importante focalizarse en enseñarle y ayudarle a corregir errores (Försterling y Harrow, 1988).

Es importante revisar y ayudar a modificar las atribuciones del éxito cuando son considerados por factores externos, inestables e incontrolables como la suerte, ya que no contribuye a que se esfuercen y estudien más en el futuro. Asimismo, hay que tratar por todos los medios que el/la alumno/a no piense que las causas de su fracaso son debidas a su capacidad, ya que podrá sentirse poco válido/a y frustrado/a.

Para finalizar, se aportan tres sugerencias importantes para que todo lo señalado en este apartado resulte más efectivo (Graham, 1990):

1. Prestar atención a la emoción que se transmite al/la aprendiz durante el proceso re-atribucional es importante. Si el/la alumno/a percibe lástima por parte del/la docente cuando le indica las causas de un fracaso, puede sentir que el/la profesor/a siente pena por él/ella porque no es válido/a. Si percibe enfado puede sentirse culpable y desmoralizado/a.
2. La edad del alumnado determina en gran medida el tipo de atribuciones que hacen. Hasta los 10 años los niños y las niñas consideran que esfuerzo y habilidad es lo mismo, por lo cual, es importante explicarles cuando se trabajan las creencias atribucionales la diferencia entre ambos conceptos.
3. Tal y como se ha especificado para la motivación intrínseca, ofrecer demasiada ayuda al/a alumno/a cuando no la pide, puede ser interpretada por él/ella y por sus compañeros/as como falta de capacidad suficiente para hacer las actividades por sí mismo/a.

6.1.4. Estimulación de la motivación

En conclusión, tras lo expuesto en este capítulo se ofrecen una serie de claves para potenciar la motivación en el aula:

- Resulta relevante otorgar al alumnado ciertos grados de *autonomía* en el desarrollo de las actividades (por dónde empezar o cuál hacer) para que sienta que él/ella también decide (DeCharms, 1984).
- El/la alumno/a necesita sentirse *competente* en los ejercicios o las tareas realizadas en clase. Esto favorecerá su autoestima y su rendimiento académico. Para ello, hay que indagar acerca de qué sabe cada estudiante y adaptar los contenidos curriculares a un nivel de dificultad asequible para el/la aprendiz.
- Es preferible *prestar ayuda solo cuando el/la estudiante la pide,* tal y como ya ha sido descrito anteriormente. Si le ayudamos de manera voluntaria y, además, le realizamos la tarea, queda en evidencia delante de toda la clase que no sabe hacerla por sí mismo/a y no aprende (Stipek, 1988).
- *Introducir cambios* en el aula para romper la rutina y captar la atención del alumnado. El factor sorpresa ayuda a despertar la curiosidad de los/las estudiantes y potencia la motivación.
- Aplicar de manera adecuada el uso de *recompensas externas,* en concreto, para aquellas tareas que no gustan al alumnado. Stipek (1988) señala que los refuerzos deben ser asequibles para todos los/as alumnos/as (no solo para los/as más inteligentes) y enfocados a como se ha desarrollado la tarea más que al resultado final.

En este sentido, Alonso Tapia (1991) destaca una serie de principios y estrategias para la organización motivacional de la instrucción a tener en cuenta:

a) En relación con la forma de presentar y organizar la tarea:

1.º Activar la curiosidad y el interés del alumnado por el contenido del tema a tratar o de la tarea a realizar.

Estrategias:

- Presentar la información de manera sorprendente e incongruente con los conocimientos previos del alumnado.
- Plantear o suscitar en el alumnado problemas que haya que resolver.
- Variar los elementos del contenido o de la tarea para el estudiantado.

2.º Mostrar la relevancia del contenido o de la tarea para el alumnado.

Estrategias:

      – Relacionar el contenido de la instrucción con sus experiencias, conocimientos previos y valores.

      – Mostrar la meta para la que puede ser relevante lo que aprende.

b) En relación con la forma de organizar la actividad en el contexto de la clase:

3.º En la medida en que lo permita la naturaleza de la tarea, organizar la actividad en grupos colaborativos.

4.º En la medida en que lo permita la naturaleza de la tarea y los objetivos de aprendizaje a conseguir, dar el máximo de opciones posibles de actuación para facilitar la percepción de la autonomía.

c) En relación con los mensajes que el profesorado da al alumnado:

5.º Orientar la atención del alumnado antes, durante y después de la tarea.

6.º Promover explícitamente la adquisición de los siguientes aprendizajes: la concepción de la inteligencia como algo modificable; la tendencia a atribuir los resultados a causas percibidas como internas, modificables y controlables; y la toma de conciencia de los factores que hacen estar más o menos motivados.

d) En relación con el modelado que el profesorado puede hacer de la forma de afrontar las tareas y de valorar los resultados:

7.º Ejemplificar los mismos comportamientos y valores que se tratan de transmitir con los mensajes que se dan en clase.

e) En relación con la evaluación:

8.º Organizar las evaluaciones a lo largo del curso de forma que el alumnado las considere como una ocasión para aprender y que se evite, en la medida de lo posible, la comparación de unos con otros, y se acentúe la comparación con uno/a mismo/a.

6.2. Parte II. Autoconcepto

6.2.1. Definición y estructura del autoconcepto

El autoconcepto es un elemento clave al estudiar el comportamiento del estudiantado en contextos de enseñanza-aprendizaje. A menudo, las expectativas sobre nuestro desempeño académico no dependen tanto de nuestras habilidades reales, sino de la percepción personal que tenemos de ellas, es decir, de nuestro autoconcepto.

Al tratar de definir «autoconcepto» se encuentra una falta de consenso conceptual sobre este término. Los principales autores que se ocupan de este tema utilizan una variedad de términos, tales como autoconfianza, autoimagen o autoestima, entre otros, que algunos utilizan de manera indiferenciada, mientras que otros los emplean con significados distintos. Los términos más comunes empleados son *autoconcepto* y *autoestima*, respecto de los cuales existen dos enfoques principales: Por un lado, algunos autores como Coopersmith (1967) separan ambos términos o los tratan por separado, aunque consideran que se encuentran íntimamente relacionados. Por otro lado, la mayoría de los autores no hacen una distinción clara entre ellos y los utilizan frecuentemente como sinónimos.

Quienes distinguen entre autoconcepto y autoestima consideran el autoconcepto la parte descriptiva del sí mismo e incluyen las ideas y las opiniones que una persona tiene de sí misma, cuáles son sus características, habilidades o rasgos. En contraste, la autoestima implica una valoración de ese autoconcepto, es decir, la evaluación que una persona hace de sus características y si las considera positivas o negativas. Esta valoración influye en la manera de sentir y actuar de una persona. Un estudiante con un concepto negativo de sí mismo tenderá a sentirse triste y desmotivado, mientras que, en el caso contrario, es más probable que sea optimista y proactivo (Coopersmith, 1967).

No obstante, la posición más generalizada no distingue entre autoconcepto y autoestima, sino que los considera como partes de un mismo fenómeno. Según esta visión, ambos términos se refieren a un conjunto integrado de percepciones, sentimientos y creencias que una persona tiene sobre sí misma y que es construida a lo largo de la vida, mediante las experiencias individuales y las relaciones interpersonales.

Respecto a su estructura, Damon y Hart (1982) identifican cuatro componentes del autoconcepto: el yo físico, el yo social, el yo activo y el yo psicológico:
- El *yo físico:* Está constituido por las características físicas personales, su nombre y los bienes que posee.
- El *yo activo:* Incluye las conductas y habilidades personales.
- El *yo social:* Cómo el individuo interactúa con los demás y su rol como miembro de un grupo
- El *yo psicológico:* Abarca las creencias, las emociones, las actitudes, los rasgos psicológicos y los pensamientos.

La importancia de estos cuatro componentes varía según la etapa de la vida. Durante el periodo de educación infantil, el componente físico es el más relevante. En esta fase, el/la niño/a se evalúa a sí mismo/a, principalmente, en función de la estimación que hace de sus características físicas (complexión física o altura, entre otras cualidades). Durante los primeros años de educación primaria, además de las características físicas, el autoconcepto se forja por el componente activo. Es decir, la imagen que el/la estudiante tiene sobre sus propias habilidades y lo que es capaz de lograr, principalmente en comparación con sus compañeros/as. Con la llegada a la adolescencia, el componente social adquiere mayor protagonismo: cómo se ve el/la joven a sí mismo/a en sus interacciones con los demás (si es gracioso, tímido o popular). Posteriormente, el componente psicológico adquirirá mayor relevancia. Al final de la adolescencia, el autoconcepto pasará a estar dominado por sus creencias, sus pensamientos y sus actitudes.

6.2.2. Autoconcepto y rendimiento escolar

Se ha observado una estrecha relación entre el autoconcepto y el rendimiento académico. Parece ser que el estudiantado con un buen autoconcepto tiene mayores probabilidades de tener éxito en el ámbito escolar, pero ¿cómo afecta el autoconcepto al rendimiento académico? Para entender esta influencia, podemos considerar las tres funciones que Burns (1982) atribuye al autoconcepto: 1) mantener la coherencia interna, 2) ofrecer criterios para integrar las experiencias, y 3) establecer las expectativas del individuo.

1) *El autoconcepto mantiene la coherencia interna*. Es decir, los seres humanos tendemos a actuar de acuerdo con nuestro autoconcepto; así, un/a estudiante con buena autoimagen estará más motivado para estudiar y alcanzar el éxito. En cambio, si su autoconcepto es negativo, se sentirá incapaz, lo que le conducirá a evitar retos y a aumentar la probabilidad de fracaso al enfrentarse a ellos. Es difícil que un/a estudiante actúe de manera contraria a la percepción consolidada que tiene de sí mismo/a. Además, resulta relevante destacar que las autopercepciones negativas tienen un mayor impacto en la conducta que las positivas. Esto parece ser debido a que una autoestima negativa crea una organización más rígida e inamovible de las creencias, mientras que una positiva permite interpretar el éxito de diversas maneras.

2) *El autoconcepto proporciona pautas para integrar las experiencias*. Es decir, funciona como una especie de filtro que nos lleva a interpretar nuestras experiencias en consonancia con el concepto que cada uno tiene de sí mismo (Purkey y Novak, 1984).

3) *El autoconcepto determina las expectativas del individuo*. El estudiantado con un pobre concepto de sí mismo espera resultados desfavorables, anticipa su fracaso y se rinde ante las dificultades. En cambio, si su

autoconcepto es positivo, mantiene expectativas de éxito elevadas, espera un trato favorable por parte de los demás y persiste ante los obstáculos.

6.2.3. Desarrollo del autoconcepto en el contexto escolar: determinantes y condiciones

En los primeros años de vida, el autoconcepto del niño se forma a partir de las influencias de sus padres y familiares y, posteriormente, también a través de las interacciones con amigos/as, compañeros/as y maestros/as. Beltrán (1984) destaca dos factores clave en la formación del autoconcepto: las reacciones de los demás y las comparaciones con sus pares.

El entorno familiar y escolar juega un papel crucial en estos dos factores. Las primeras experiencias en la familia, especialmente las interacciones con padres y hermanos mayores (si se tienen), moldean la percepción inicial que el/la niño/a desarrolla de sí mismo/a. Sin embargo, al llegar a la escuela, el entorno escolar se convierte en un contexto crucial para el desarrollo de su autoconcepto, especialmente en lo académico. La escuela brinda muchas oportunidades para observar las reacciones de los demás y compararse con ellos. Así, el/la alumno/a percibe cómo responden sus compañeros/as y maestros/as a su conducta, trabajo y desempeño, y, a partir de esas respuestas, interpreta lo que piensan de él. Por otro lado, el entorno escolar proporciona al alumnado un marco constante para realizar comparaciones. Ya sea al responder preguntas del profesorado o al realizar actividades tanto dentro del aula como en el recreo, el estudiantado tiene muchas oportunidades para evaluar y juzgar sus habilidades y logros en relación con sus iguales.

En los últimos años, se ha intentado clarificar cuáles son las condiciones que permite al alumnado desarrollar una autoimagen positiva. Coopersmith y Feldman (1974), expertos en este tema, identifican tres factores clave: la aceptación, la definición clara de límites y un trato respetuoso.

1) *Aceptación*. El alumnado necesita sentirse aceptado para desarrollar un autoconcepto y una autoestima positivos. Esta aceptación se refleja en el interés y el apoyo que los/as maestros/as les brinda, especialmente en momentos de estrés, reconociendo sus capacidades y logros. En este sentido, la aceptación del profesorado impacta en la autoestima de dos formas: primero, si el estudiantado percibe la conducta del profesor de manera positiva, aumentará su sentido de seguridad; segundo, esta aceptación les ayudará a entender que son valorados por sus propias habilidades, no en comparación con otros.

2) *Existencia de límites y de directrices claramente definidos por el/la maestro/a*. La existencia de estos límites permite establecer las expectativas que se tienen sobre el comportamiento del alumnado, lo que se espera de él y en qué medida. Es fundamental que los/as maestros/as muestren unas expectativas razonables y estén dispuestos a ajustarlas según las respuestas y necesidades de cada estudiante. El alumnado se servirá de estas expectativas para evaluar su propio éxito o fracaso.

3) *Trato respetuoso*. El estudiantado valora positivamente cuándo percibe que el profesorado lo valora y lo respeta. El modo en que el profesor lo trata, así como las expectativas que tiene sobre él, afectan a su autoconcepto, de manera favorable o desfavorable, dependiendo de cómo el/la alumno/a interprete dicho trato y expectativas.

6.2.4. La indefensión aprendida: un problema emocional relacionado con la motivación y el autoconcepto

Para finalizar este apartado, queremos resaltar la importancia que tienen ciertas atribuciones en los estados emocionales del alumnado. En 1975, el psicólogo Martin Seligman (1975) introdujo el concepto de *indefensión aprendida* para referirse a un estado psicológico que tiene lugar cuando una persona percibe que es incapaz de modificar alguna situación, comportamiento o estado con su conducta. Según este autor, cuando las personas consideran que aquello que les sucede es incontrolable sienten indefensión aprendida, es decir, la creencia de que hagan lo que hagan no servirá de nada. Esta creencia se interioriza tras haber experimentado episodios de fracasos continuados que llevan a un individuo a tener la convicción de no ser capaz de superar algo, ya que no tiene control.

Un ejemplo de indefensión aprendida es el que experimentan los elefantes en el circo. En la edad adulta permanecen atados a una débil estaca que podrían arrancar si quisiesen. No lo hacen porque desde pequeños intentaron liberarse continuamente y aprendieron que no eran capaces de ello. Esta estaca es la que muchas veces mantiene paralizados a los alumnos y a las alumnas sin permitirles movilizarse ante el cambio.

En el ámbito educativo un/a alumno/a que suspende en reiteradas ocasiones o que experimenta críticas frecuentes por sus padres o profesores/as ante los resultados que obtiene puede experimentar indefensión aprendida. Incluso en la edad adulta, tal y como le sucedía al elefante, seguirá condicionado y pensará que no es válido para estudiar. Seguro que mientras lees te viene a la mente algún caso conocido.

Por lo tanto, cuando los/as estudiantes se sienten desmoralizados/as y predicen que volverán a fracasar no encuentran motivos suficientes para intentarlo y la motivación disminuye. Además, es frecuente que experimenten problemas afectivos, como depresión o ansiedad. La indefensión aprendida es un proceso difícil de revertir cuando una persona ya lo ha interiorizada. Por ello, prevenir desde la infancia resulta clave. Los/as profesores/as son referentes importantes, a menudo, idealizados/as por alumnos/as de educación infantil. Utilicemos ese poder para formar a niños y a niñas felices que aprendan a quererse y conocerse a sí mismos/as.

Referencias bibliográficas

ALONSO TAPIA, J. (1991). *Motivación y aprendizaje en el aula*. Santillana.

ATKINSON, J. (1964). *An introduction to motivation*. Van Nostrand.

BANDURA, A. (1977). Self-efficacy: toward a unifying theory of behavioral change. *Psychological Review, 84*(2), 191-215.

BANDURA, A. (1997). *Self-efficacy: The exercise of control*. Freeman.

BUENO, J. A. (1995). Motivación y aprendizaje II: programas de intervención. En J. Beltrán y J. A. Bueno (eds.), *Psicología de la educación* (pp. 256-283). Marcombo.

BUENO, J. A. (1998). La motivación educativa. En E. González González (dir.), *Menores en desamparo-conflicto social. Estrategias de intervención*, 2.ª ed. Editorial CCS.

BURNS, R. B. (1982). *Self-concept: Developmental and education*. Holt, Rinehart and Winston.

CAMERON, J., y W. D. PIERCE (1994). Reinforcement, reward, and intrinsic motivation: A meta-analysis. *Review of Educational research, 64*(3), 363-423.

COOPERSMITH, S. (1967). *The Antecedents of Self-Esteem*. Freeman.

COOPERSMITH, S., y R. FELDMAN (1974). Festering a positive self-concept and high selfesteem in the classroom. *Psychological Concepts in Classroom*, 192-225.

DAMON, W., y D. HART (1982). The development of self-understanding from infancy through adolescence. *Child Development, 53*, 841-864.

DECHARMS, R. (1984). Motivational achievement in educational settings. En R. Ames y C. Ames (eds.), *Research on motivation in education: student motivation* (vol. 1, pp. 275-310). Academic Press.

DECI, E. L., y R. M. RYAN, R. M. (1985). The general causality orientations scale: Selfdetermination in personality. *Journal of Research in Personality, 19*(2), 109-134.

EISENBERGER, R., y J. CAMERON (1996). Detrimental effects of reward: Reality or myth? *American Psychologist, 51*(11), 1153.

FÖRSTERLING, F., y J. T. HARROW (1988). *Attribution theory in clinical psychology*. John Wiley y Sons.

GRAHAM, S. (1990). Communicating low ability in the classroom: Bad things good teachers sometimes do. En S. Graham y V. S. Folkes (eds.), *Attribution theory: Applications to achievement, mental health, and interpersonal conflict* (pp. 17-36). Erlbaum.

HECKHAUSEN, H. (1967). *The anatomy of achievement motivation*. Academic Press.

HENDERLONG, J., y M. R. LEPPER (2002). The effects of praise on children's intrinsic motivation: A review and synthesis. *Psychological bulletin, 128*(5), 774.

MARCHLAND, G., y E. A. SKINNER (2007). Motivational dynamics of children's academic help-seeking and concealment. *Journal of Educational Psychology, 99*(1), 65.

MASLOW, A. H. (1968). *Toward a psychology of being*. 2.ª ed. Harper and Row.

MCCLELLAND, D. C., y D. G. WINTER (1966). *Motivating economic achievement*. Free Press.

PAJARES, F. (2002). *Overview of Social Cognitive Theory and Self – Efficacy*. Emory University. [en línea] <http://www.emory.edu/EDUCATION/mpf/eff.html>

PURKEY, W. W., y J. D. NOVAK (1984). *Inviting school success: A self-concept approach to teaching and learning*. Wadsworth.

REEVE, J., A. M. L. RAVEN y M. V. BESORA (1994). *Motivación y emoción. Vol. 3*. McGraw Hill.

ROSEN, B. C., y R. D'ANDRDE (1959). The psychosocial origins of achievement motivation. *Sociometry, 22*(3), 185-218.

SAMPASCUAL, G. (2007). *Psicología de la Educación (tomo 1)*. UNED.

SANTROCK, J. W. (2016). *Psicología de la Educación*. McGraw Hill.

SCHUNK, D. H. (1989). Self-efficacy and cognitive skill learning. En C. Ames y R. Ames (eds.), *Research on motivation in education: goals and cognitions* (vol. 3, pp. 13-44). Academic Press.

SCHUNK, D. H. (1991). Self-efficacy and academic motivation. *Educational Psychologist, 26*(3-4), 207-231.

SELIGMAN, M. E. P. (1975). *Helplessness: On depression, development, and death*. Freeman.

STIPEK, D. J. (1988). *Motivation to learn: from theory to practice*. Allyn and Bacon.

WEINER, B. (1986). *An attributional theory of motivation and emotion*. Springer.

WEINER, B. (2000). Intrapersonal and interpersonal theories of motivation from an attributional perspective. *Educational Psychology Review, 12*(1), 1-14.

WEINER, B. (2010). The development of an attribution-based theory of motivation: A history of ideas. *Educational Psychologist, 45*(1), 28-36.

WINTERBOTTOM, M. R. (1958). The relation of need for achievement to learning experiences in independence and mastery. En J. W. Atkinson (dir.), *Motives in fantasy, action and society*. Van Nostrand.

7. La inteligencia

7.1. Aproximación al concepto de inteligencia

La inteligencia es una de las capacidades humanas más fascinantes y complejas. Desde tiempos antiguos, filósofos, científicos y educadores han intentado definirla y comprender cómo influye en el aprendizaje, el desarrollo personal y la interacción social. Para los futuros docentes, entender qué es la inteligencia y cómo se manifiesta en sus estudiantes resulta esencial, ya que permite diseñar estrategias pedagógicas que respeten y potencien las habilidades individuales.

Al igual que ocurre con otros muchos conceptos importantes en las teorías psicológicas, existe un considerable desacuerdo con respecto a la definición del término *inteligencia* o *capacidad mental* (Molero *et al.*, 1998). Históricamente la inteligencia ha sido una de las cuestiones que más estudio y debate ha suscitado tanto en la población general como específicamente en el campo de la psicología y, siendo más concretos, en el área de la psicología educativa. Si bien es cierto que su conceptualización es compleja, existe el consenso general de entender la inteligencia como una capacidad esencial que permite a los individuos adaptarse a su entorno, resolver problemas complejos, aprender de la experiencia y comprender ideas abstractas (Colom *et al.*, 2010).

Como se ha mencionado, la definición del concepto de *inteligencia* ha experimentado diversas modificaciones a lo largo del tiempo, en parte como consecuencia de las diferentes teorías que tratan o han tratado de estudiar, evaluar y determinar su naturaleza. De hecho, se podría afirmar que existen tantas definiciones como modelos teóricos.

A partir de los enfoques pioneros del estudio de la inteligencia, esta se consideró como una característica inherente y fija en los individuos, y que era susceptible de ser medida a través de pruebas psicométricas específicas y cuantificables a partir del denominado *cociente intelectual* (CI) (Stern, 1914). Estas pruebas y evaluaciones han tenido una gran influencia en el sistema educativo, siendo un factor significativo en la toma de decisiones pedagógicas. Pero, a partir del surgimiento de nuevos modelos teóricos e investigaciones posteriores, esta manera de entender la inteligencia se ha ido ampliando, proponiéndose incluso que la inteligencia es un constructo psicológico mucho más complejo y multidimensional.

Hoy en día la inteligencia no se entiende solo como un conjunto de habilidades cognitivas, como pueden ser la velocidad de procesamiento de la información o el razonamiento, sino que abarca aspectos emocionales, sociales y creativos. Además, ya no se concibe como una cualidad fija e inmutable, sino que es susceptible de ser desarrollada y potenciada a partir de la educación, las experiencias y el entorno. Este enfoque multidimensional ha favorecido una apreciación más precisa de las diferencias individuales respecto de la inteligencia y una mayor concienciación de la necesidad de adaptar los métodos educativos a las características específicas de cada estudiante (Cuevas-Caravaca, 2016).

La gran mayoría de las teorías en este ámbito se han centrado fundamentalmente en describir y detallar cuáles son sus componentes fundamentales y qué factores pueden explicar las diferencias individuales en el rendimiento (Molero *et al.*, 1998). En los siguientes apartados mostraremos las teorías más relevantes de la amplia variedad de conceptualizaciones teóricas existentes sobre la ejecución inteligente.

7.2. Modelos clásicos sobre la inteligencia

Durante el transcurso del siglo XX, las investigaciones que abordaron la inteligencia estuvieron basadas en la formulación de modelos teóricos que pretendían dilucidar la estructura y naturaleza de este constructo. Entre los paradigmas teóricos más influyentes destacan la teoría bifactorial de Spearman y la teoría de las aptitudes mentales primarias de Thurstone (Andrés, 1996; Sánchez-Elvira y Amor, 2005).

7.2.1. Teoría bifactorial de Spearman

Charles Spearman, psicólogo londinense, fue pionero en el estudio sistemático de la inteligencia con su propuesta de la teoría bifactorial (también denominada *teoría del factor g*) sentando las bases para posteriores investigaciones. Este autor mantuvo que la inteligencia humana podía entenderse como la combinación de dos tipos de factores (Jensen, 1998):

- *Factor g (general)*. Representa la capacidad mental general que subyace a todas las actividades cognitivas y es lo que permitiría explicar el rendimiento de las personas en las diferentes pruebas que evalúan la inteligencia. Según Spearman este factor variaría de un individuo a otro y, a su vez, se mantendría constante a lo largo de la vida. Por otro lado, a través de los estudios científicos llevados a cabo, Spearman detectó que aquellas personas que tendían a sobresalir en una tarea intelectual específica también rendían positivamente en otras, lo que sostenía la hipótesis de la existencia del factor general de inteligencia «g».

- *Factores s (específicos).* Por otro lado, se encuentran los denominados factores *s*, que son independientes y particulares para cada tipo de problema que requiere de la inteligencia para su resolución. Son factores que representan las habilidades específicas requeridas para ejecutar diversas actividades cognitivas, como son el razonamiento lógico o la memoria visual. Por tanto, mientras que el factor «g» es común a todas las tareas y su influencia es, como su nombre indica, general, los factores «s» se caracterizan por ser más acotados y determinantes solamente en las áreas del desempeño cognitivo específicas.

La teoría bifactorial de Spearman tuvo un impacto significativo en el desarrollo de la psicología como ciencia, sobre todo en lo referido al desarrollo de pruebas psicométricas que han permitido transformar el concepto de *inteligencia* en un número, con las implicaciones que esto ha supuesto. Concretamente, estableció un marco conceptual que favoreció la creación de pruebas de inteligencia que midiesen tanto la capacidad general (factor *g*) como las habilidades específicas (factores *s*). Las pruebas actuales que permiten calcular un cociente intelectual (CI) están diseñadas con el fin de determinar la influencia del factor general, así como para medir las aptitudes específicas (Brody, 2000).

El trabajo desarrollado por Spearman fue fundamental para el estudio sistemático y riguroso de la inteligencia, sin embargo, no ha estado libre de críticas por parte de la comunidad científica. Entre las objeciones, se destaca fundamentalmente que la teoría bifactorial adolece de ser reduccionista y no ser lo suficientemente precisa a la hora de abarcar la significativa heterogeneidad y complejidad de las capacidades intelectuales del ser humano (Neisser *et al.*, 1996; Savi *et al.*, 2019). Pero a pesar de estas críticas, la realidad es que la conceptualización de un factor general de inteligencia sigue siendo una de las ideas más influyentes en el campo de la psicología.

7.2.2. Teoría de las aptitudes mentales primarias de Thurstone

La Psicología de la Educación es una disciplina que se ha constituido progresivamente mediante las aportaciones de diferentes teorías de la psicología científica.

Louis Leon Thurstone, psicólogo estadounidense, confeccionó un modelo teórico contrapuesto al de Spearman, el cual denominó *teoría de las aptitudes mentales primarias*. Si bien Thurstone y Spearman utilizaron las mismas técnicas estadísticas para ratificar sus respectivas teorías sobre la configuración de la inteligencia humana, las conclusiones a las que llegaron fueron completamente antagónicas. Según Thurstone, la inteligencia no se estructura sobre un único factor general que domina el desempeño intelectual, sino que existen distintas capacidades y aptitudes independientes entre sí que se utilizan en función del problema específico al que se expone la persona. Por tanto, el nivel de inteligencia que se calcula para cada individuo no es resultado de un único factor (factor «g», según Spearman), sino del conjunto de las diferentes aptitudes primarias identificadas por Thurstone, y que se describen a continuación (Sánchez-Elvira y Amor, 2005; Thurstone, 1938):

- *Comprensión verbal:* Habilidad para la comprensión de contenidos verbales. Esta aptitud es fundamental para tareas que requieren de la lectura, la escritura y la comunicación oral.
- *Fluidez verbal:* Capacidad asociada con todos los aspectos que tienen que ver con el lenguaje y que influye directamente en la pericia para generar palabras de manera rápida y flexible.
- *Capacidad numérica:* Habilidad que tiene que ver con el manejo preciso de los números, y que posibilita el adecuado cálculo y la resolución de problemas matemáticos.
- *Visualización espacial:* Capacidad relacionada con la posibilidad de crear y manipular representaciones mentales como pueden ser los objetos o las formas, tanto en dos como en tres dimensiones.
- *Memoria:* Habilidad implicada en la capacidad de retener, recordar y reconocer información que ha sido presentada en el pasado. Esta aptitud es crítica para que se pueda producir el proceso de aprendizaje.
- *Rapidez perceptiva:* Aptitud que permite la realización de tareas de discriminación de los detalles de configuraciones estimulares, ya sean complejas o simples, a partir de la eficaz detección y reconocimiento de las mismas.

- *Razonamiento inductivo:* Habilidad que permite descubrir y extraer las reglas generales a partir de ejemplos concretos. Es fundamental para la ejecución del razonamiento lógico.

Tal y como se ha mencionado anteriormente, Thurstone mantenía que estas aptitudes primarias eran básicamente independientes entre sí, es decir, un individuo podía destacar en las tareas relacionadas con la capacidad numérica, pero tener un bajo rendimiento en las pruebas de rapidez perceptiva. Por tanto, la inteligencia no es, en general, una capacidad general y unidimensional, sino un conjunto de aptitudes específicas que pueden cultivarse y desarrollarse de manera dispar entre las diferentes personas.

De la misma manera que el modelo teórico de su contemporáneo Spearman, la teoría desarrollada por Thurstone también tuvo un impacto significativo en el ámbito educativo, sobre todo, en las áreas relacionadas con la evaluación y comprensión de las diferencias del estudiantado. A partir de los resultados de su trabajo, Thurstone elaboró diferentes pruebas de inteligencia para evaluar las aptitudes básicas propuestas en su propio modelo teórico (Andrés, 1996). Esto facilitó la realización de perfiles más específicos de los/as estudiantes, aceptando la existencia de la diversidad cognitiva, gracias al discernimiento de las fortalezas y áreas de mejora a partir del desempeño observado en las pruebas específicas para cada habilidad concreta, lo que a su vez favorecía la posibilidad de desarrollar estrategias educativas individualizadas según las necesidades de cada alumno/a (Beaujean y Benson, 2019).

A pesar del impacto que tuvo en la psicología en general y en la educación específicamente, el trabajo de Thurstone también ha sido objeto de críticas. La más importante y que cabe destacar es la que hace alusión a la naturaleza multidimensional de la inteligencia que propone esta teoría, obviando la hipótesis de que exista un factor general que influya directamente en las diferentes aptitudes básicas específicas, tal y como propuso Spearman en un inicio (Thurstone, 1967). Sin embargo, y aun con las críticas recibidas, la teoría de las aptitudes mentales primarias ha sido germen de teorías posteriores de gran relevancia como es, por ejemplo, la teoría de las inteligencias múltiples desarrollada por Gardner descrita más adelante.

7.2.3. Inteligencia fluida y cristalizada

Posteriormente, uno de los avances más significativos en el desarrollo del estudio científico de la inteligencia fue la distinción entre *inteligencia fluida* e *inteligencia cristalizada,* desarrollada por Cattell y Horn en la década de los sesenta (McArdle y Woodcock, 2014). El modelo teórico propuesto por estos autores aportaba una visión más matizada de la inteligencia al sugerir que no se trata de un constructo único sino de un conjunto de habilidades cognitivas que interactúan entre sí y se desarrollan de manera diferente a lo largo del ciclo vital de las personas.

La *inteligencia fluida* se refiere a la capacidad de resolver problemas nuevos, adaptarse a situaciones desconocidas y pensar de manera lógica e independiente de cualquier conocimiento previo. Esta forma de inteligencia está relacionada con la habilidad para razonar abstractamente, identificar patrones, y procesar información rápidamente. Es especialmente importante en situaciones donde se requiere creatividad y flexibilidad mental para enfrentar desafíos que no se han experimentado con anterioridad (Andrés, 1996). Desde un punto de vista biológico, la inteligencia fluida está más influenciada por factores genéticos y se asocia con la funcionalidad del sistema nervioso central, especialmente en lo que respecta a la velocidad de procesamiento y la memoria de trabajo. Esta forma de inteligencia tiende a alcanzar su punto máximo durante la juventud, generalmente en la veintena, y puede experimentar un declive gradual con la edad. Este decaimiento parece estar relacionado con la disminución de la velocidad de procesamiento y la eficiencia de la memoria operativa, aunque el grado y la rapidez de este deterioro pueden variar entre individuos (Woolfolk, 2014).

La *inteligencia cristalizada* se refiere al conjunto de conocimientos y habilidades que una persona adquiere a lo largo del tiempo a través de la educación, la experiencia y la interacción cultural. Este tipo de inteligencia incluye aspectos como el vocabulario, la comprensión verbal, el conocimiento de hechos y la aplicación de habilidades aprendidas. Mientras que la inteligencia fluida es fundamental para enfrentar problemas nuevos, la inteligencia cristalizada se manifiesta en la capacidad para utilizar el conocimiento acumulado para resolver problemas familiares (Andrés, 1996). A diferencia de la inteligencia fluida, este tipo de inteligencia se desarrolla a lo largo de la vida de las personas dado que está asociada a las experiencias diarias y el aprendizaje que se va acumulando a partir de dichas experiencias. Y, como puede deducirse, la escolarización y el entorno sociocultural influyen directamente en la potenciación de la inteligencia cristalizada (Woolfolk, 2014).

Aunque la inteligencia fluida y cristalizada se conceptualizan como entidades separadas, son realmente interdependientes. Entre los dos tipos de inteligencia existe una interrelación significativa de manera que la inteligencia fluida, al permitir la resolución de problemas y la adquisición de nuevos conocimientos, puede contribuir al desarrollo de la inteligencia cristalizada. Por ejemplo, una persona con alta inteligencia fluida puede aprender más rápidamente y acumular conocimientos más eficientemente, lo que a su vez incrementa su inteligencia cristalizada.

Por otro lado, la inteligencia cristalizada puede servir de apoyo para la inteligencia fluida en situaciones donde el conocimiento previo proporciona un marco útil para resolver problemas nuevos. Un/a profesor/a con una trayectoria dilatada en el tiempo puede utilizar tanto su conocimiento previo (inteligencia cristalizada) como su capacidad para adaptarse a situaciones nuevas (inteligencia fluida) para gestionar y manejar eficazmente diferentes grupos de su alumnado, así como afrontar las constantes modificaciones de las leyes de educación y su implicación en su desempeño profesional.

Por tanto, se puede concluir que, aunque la inteligencia fluida es susceptible de disminuir con el paso de los años al estar asociada a la biología de las personas, la inteligencia cristalizada puede seguir siendo estable o incluso aumentar a lo largo de la vida. Es por esto por lo que es tan importante mantener un proceso de aprendizaje constante y continuo en el tiempo, enriqueciendo el papel protector de la inteligencia cristalizada frente a la potencial decadencia de su contrapartida, la fluida.

La distinción entre ambos tipos de inteligencia tiene importantes implicaciones para la educación ya, que en este contexto es crucial diseñar currículos que no solo transmitan conocimientos (inteligencia cristalizada) sino que también desarrollen habilidades de pensamiento crítico y resolución de problemas (inteligencia fluida). Durante los años de la escolarización obligatoria, época vital donde la inteligencia fluida es más flexible, es clave diseñar y favorecer ambientes donde el aprendizaje esté basado, si no todo si en gran medida, en retos y desafíos nuevos que fuerce a los alumnos y a las alumnas a reflexionar y pensar de manera creativa para poder resolverlos. Mientras que, por otro lado, cuando se trata de personas adultas, se recomienda que la perspectiva pedagógica esté más dirigida a reforzar y potenciar la inteligencia cristalizada mediante la práctica constante y acumulación de conocimientos nuevos. Aunque, lógicamente, sin dejar de lado la promoción de la inteligencia cristalizada en el caso de los/as niños/as y adolescentes, y de la fluida en el caso de los/as adultos.

7.2.4. Teoría de las inteligencias múltiples de Gardner

En 1983, Howard Gardner revolucionó el campo de la psicología educativa con su propuesta de la teoría de las inteligencias múltiples. Este enfoque desafió el concepto tradicional de la inteligencia como un constructo único, ya sea desde un punto de vista general (postulados de Spearman) o como un conjunto de capacidades múltiples (postulados de Thurstone). Gardner sostiene que existe un descontento general con el concepto de *cociente intelectual* y con las visiones unitarias de la inteligencia. En su lugar afirma que las personas poseemos diversas inteligencias que operan de manera totalmente independiente, aunque interactúan entre sí con el fin de lograr una adecuada adaptación de la persona (Gardner, 1983). Por tanto, según esta teoría, cada persona tiene un perfil único de inteligencias, lo que implica que las habilidades cognitivas no pueden ser plenamente calculadas por un único índice como puede ser el CI, tal y como afirmaban algunos autores.

Inicialmente Gardner identificó siete tipos de inteligencia, aunque más tarde añadió otras dos, ampliando su modelo a un total de nueve inteligencias distintas. Cada una de estas inteligencias representa una forma específica de procesamiento de información y solución de problemas (Andrés, 1996; Rosas *et al.,* 2005; Sánchez-Elvira y Amor, 2005):

- *Inteligencia lingüística:* Capacidad que abarca las destrezas relacionadas con la lectura, la escritura, la escucha y el habla, es decir, todo aquello que tiene que ver con el lenguaje y sus diferentes áreas.
- *Inteligencia lógico-matemática:* Relacionada con la capacidad para resolver problemas matemáticos de cualquier índole, con el razonamiento lógico y con la habilidad con la que se formulan y comprueban hipótesis.
- *Inteligencia espacial:* Implica la habilidad de poder percibir con eficacia las imágenes visuales y espaciales, así como también para simbolizar gráficamente las ideas y operar sobre las representaciones mentales.
- *Inteligencia musical:* Se refiere a la capacidad para apreciar, discriminar y expresar la musicalidad, así como a la propia sensibilidad musical que permite manipular sus diferentes atributos: ritmo, timbre y tono.
- *Inteligencia corporal-kinestésica:* Relacionada con el control del propio cuerpo en su totalidad o parcialmente, así como con la coordinación motora.
- *Inteligencia intrapersonal:* Capacidad para comprenderse a uno mismo, incluyendo las emociones, las motivaciones y los deseos internos. Fundamental para el autoconocimiento y la autorregulación emocional.
- *Inteligencia interpersonal:* Habilidad que favorece la comprensión de las demás personas y, por tanto, las relaciones sociales. Por otro lado, también permite la detección y la identificación de los estados de ánimo, las motivaciones y las intenciones de los demás.
- *Inteligencia naturalista:* Capacidad para reconocer, distinguir y categorizar objetos y patrones del medio ambiente.

- *Inteligencia existencial:* Capacidad de las personas que permite poder reflexionar sobre aspectos filosóficos de la existencia humana, como el sentido de la vida, la muerte y el destino.

Como otras teorías anteriores, la teoría de las inteligencias múltiples ha tenido un impacto significativo en la educación al sugerir que los sistemas educativos deben adaptarse para reconocer y cultivar todas las formas de inteligencia. Este enfoque promueve una enseñanza más personalizada que considere las fortalezas y debilidades individuales de cada estudiante (Gardner y Hatch, 1989). En este sentido, un tipo de alumnado con alta inteligencia lógico-matemática podría beneficiarse de métodos de enseñanza que utilicen recursos como son los juegos de lógica o actividades sobre detección de patrones, mientras que otro tipo de alumnado con una destacada inteligencia corporal-kinestésica, se vería beneficiado con estrategias de enseñanza donde se involucre la movilidad del cuerpo y la manipulación de objetos.

En conclusión, este modelo teórico resalta la importancia de ofrecer a la comunidad educativa un currículo amplio que incluya oportunidades para desarrollar todas las diferentes inteligencias, en lugar de centrarse exclusivamente en las habilidades lingüísticas y lógico-matemáticas, las cuales han sido tradicionalmente las más valoradas en la sociedad.

No obstante, aunque los planteamientos de Gardner han sido muy bien aceptados en el ámbito educativo al ampliar la definición de la inteligencia más allá del cociente intelectual, también ha sido objeto de controversia debido a su falta de base empírica y su falta de claridad conceptual (Shearer y Karanian, 2017). Por otra parte, no existen suficientes estudios empíricos que respalden la idea de que estas inteligencias sean realmente independientes, ya que los estudios sugieren que dichas habilidades están correlacionadas. Igualmente, es posible que algunas de las inteligencias puedan tratarse en mayor medida de talentos e incluso rasgos de personalidad (Rousseau, 2021).

7.2.5. La inteligencia emocional

En la década de los noventa los investigadores comenzaron a darse cuenta de que la teoría cognitiva no lo explicaba todo acerca de la inteligencia y comienzan a adentrarse en el campo de las emociones, destacando el hecho de que nuestras decisiones son influenciadas en gran medida por nuestro estado emocional (Molero *et al,* 1998). Tanto es así que algunos autores sugieren que las emociones, y no el cociente intelectual, podrían ser la verdadera medida de la inteligencia humana.

Hay que destacar que la teoría de las inteligencias múltiples contribuyó de manera importante a dar a conocer el nuevo concepto de *inteligencia emocional*, al destacar la importancia de las inteligencias intrapersonal e interpersonal, aunque en realidad ese término fue acuñado por los psicólogos estadounidenses John Salovey y Peter Mayer en la década de los noventa y definida como un tipo de inteligencia social que engloba la habilidad de controlar nuestras propias emociones y las de los demás, e igualmente de discriminar entre ellas y utilizar la información que nos proporcionan para guiar nuestro pensamiento y nuestras acciones (Molero *et al,* 1998).

No obstante, el verdadero impulso a este nuevo enfoque y quien realmente popularizó aquel término fue Daniel Goleman, psicólogo norteamericano y periodista científico del *New York Times*, quien publicó en 1995 su *bestseller inteligencia emocional*, donde afirma que las personas más competentes no están determinadas únicamente por su cociente intelectual, sino que la habilidad de comprender y gestionar sus emociones es clave para su éxito. En su libro, Goleman afirma que las capacidades más importantes en la vida personal, laboral y social de las personas son la autoconciencia, la autorregulación de las emociones, la empatía y las habilidades interpersonales.

7.2.6. La teoría de inteligencia exitosa de R. Sternberg

Dentro de las teorías contemporáneas, Sternberg (1999) propone su teoría de inteligencia exitosa, una conceptualización alternativa más amplia y completa a los modelos tradicionales y jerárquicos de la inteligencia, los cuales no tienen en cuenta el uso que se hace de la inteligencia en sí, ya que se centran fundamentalmente en conocer su naturaleza y funcionamiento, pero sin considerar que las capacidades mentales han de servir para ser capaces de desenvolvernos en contextos reales de nuestra vida cotidiana.

La teoría se basa en un modelo triárquico de la inteligencia, según la cual la inteligencia exitosa se logra a través de la combinación equilibrada de nuestras habilidades cognitivas, creativas y prácticas que ponemos en marcha en entornos del mundo real. Concretamente, establece la existencia de una inteligencia analítica, una inteligencia práctica y una inteligencia creativa, como determinantes de nuestra capacidad intelectual.

- La *inteligencia analítica* se refiere a la capacidad de procesar información de manera lógica y racional. Se utiliza para dar respuesta a situaciones y problemas relativamente conocidos y que tienen una respuesta única. Incluye la capacidad de procesar y aplicar el razonamiento lógico (analizar, juzgar, evaluar, comparar, contrastar). Es la más cercana a la concepción unitaria de la inteligencia y la que pondríamos en juego para tratar de dar respuesta a las clásicos problemas y preguntas de los test de inteligencia que pretendían predecir el rendimiento académico.

- La *inteligencia creativa* guarda relación con las habilidades de crear, diseñar, inventar e imaginar. Se utiliza para dar respuestas a situaciones nuevas y sin una solución *a priori*. Un ejemplo de ello sería la elaboración y el diseño de un eslogan publicitario para una firma comercial.

- La *inteligencia práctica* es la habilidad para adaptarse eficazmente al entorno y aplicar nuestros conocimientos de manera práctica en situaciones cotidianas. En definitiva, poner en práctica lo que ya sabemos.

Con posterioridad, Sternberg (2003) reformula su modelo triárquico e incluye un nuevo componente, la «sabiduría», necesaria para utilizar nuestras capacidades en favor del bien común. Dicho modelo pasa a denominarse WICS, por las iniciales de sus componentes en inglés: *Wisdom* (Sabiduría), *Intelligence* (Inteligencia), *Creativity* (Creatividad) y *Synthesized* (Síntesis de todos los elementos).

A pesar de sus importantes contribuciones, la teoría triárquica de la inteligencia tampoco está exenta de críticas argumentándose que carece de una base empírica sólida y que la división de la inteligencia en componentes separados podría simplificar en exceso la complejidad del funcionamiento cognitivo humano y no reflejar adecuadamente la naturaleza integrada de la inteligencia.

7.3. El origen de los primeros test de inteligencia

Paul Broca (1824-1880) y *Sir* Francis Galton (1822-1911) fueron de los primeros científicos que pensaron en medir la inteligencia. Creían que podrían determinar la inteligencia midiendo el tamaño del cráneo de los humanos. Su premisa era que cuanto mayor fuera el cráneo, más lista sería la persona.

Contrariamente a las tesis biométricas de Galton, el psicólogo francés Alfred Binet comprobó que no se podía evaluar la inteligencia midiendo atributos físicos, sino que tenía que calcularse mediante la realización de tareas mentales. En 1905 Binet, junto con su alumno, el psiquiatra Théodore Simon, crean la *escala de inteligencia de Binet-Simon*. Esta escala tiene su origen en la promulgación de una ley en 1904 en la que el Gobierno francés decreta la escolarización obligatoria de los niños y de las niñas entre 6 y 14 años de edad, pero presentaba la dificultad de que el alumnado era muy dispar en cuanto a conocimientos y nivel cultural. De esa forma, el Gobierno francés pidió a ambos autores que desarrollasen una prueba que fuese capaz de identificar al alumnado que pudiera presentar grandes dificultades para seguir una educación formal, surgiendo así la educación especial.

Unos años más tarde, en 1911, el psicólogo alemán William Stern propone el concepto de *edad mental*, la cual se obtendría a través del resultado obtenido en la Escala de Inteligencia de Binet-Simon, y se consideraría como el nivel medio que obtendrían en los test los sujetos de una determinada edad. La gran contribución de Stern ha sido cuantificar la inteligencia a través del denominado *cociente intelectual*, que se obtendría dividiendo la edad mental entre la edad cronológica.

Posteriormente, en 1916, el psicólogo de la Universidad de Stanford, Lewis Terman, adaptaría la anterior fórmula multiplicando el CI por 100 para hacerla más entendible e interpretable eliminando los decimales. Igualmente, propuso el uso de la abreviatura CI (o IQ en inglés) para referirse a dicho cociente de inteligencia. Surge de esta manera, la conocida escala de inteligencia de Stanford-Binet como versión modificada de la escala Binet-Simon, convirtiéndose en la primera gran prueba de inteligencia, la cual sigue utilizándose ampliamente en la actualidad.

Uno de los inconvenientes de la escala de inteligencia de Standford-Binet es su variabilidad en función de la edad del sujeto que hacía la prueba, por lo que ha sido preciso adaptar el test a las diferentes edades (Guilford, 1986). En este sentido, salen a la luz, en 1948 y 1955, respectivamente, los conocidos test de inteligencia del psicólogo norteamericano David Wechsler: la *escala de Wechsler para niños* (WISC) y la *escala de inteligencia Wechsler para adultos* (WAIS), los instrumentos de evaluación individual de la inteligencia más utilizados hoy en día.

7.4.   El alumnado de altas capacidades

Los niños y las niñas con altas capacidades son una población muy heterogénea, por lo que intentar elaborar un listado de características propias es complejo. Estos/as alumnos/as no solo se caracterizan por un alto cociente intelectual, sino por destacar en un conjunto de aspectos, como son la inteligencia, la creatividad, la implicación en la tarea, etc. (Torrego *et al.,* 2011).

No todo el alumnado con altas capacidades presenta las mismas características, sin embargo, algunas de estas tienen mucho que ver con su forma de enfrentarse a la tarea, lo cual es importante tenerlo en cuenta en el aula a la hora de trabajar con ellos. En este sentido el alumnado de altas capacidades presenta las siguientes singularidades (Calero *et al.,* 2014):
   - *Memoria de trabajo:* Habilidad para mantener información durante un breve periodo de tiempo, mientras procesa de manera simultánea nueva

información que le va llegando. Al mismo tiempo es capaz de recuperar información de la memoria a largo plazo y reconoce el material nuevo.

- *Autorregulación:* El alumnado con altas capacidades suele tener un mayor control sobre sus procesos autorregulatorios, lo que le hace ser más competente en las tareas y tener un rendimiento más alto. De igual modo, controlan muy bien su respuesta ante las condiciones de distracción.
- *Potencial de aprendizaje:* Es importante su evaluación, ya que dicho potencial es independientemente del nivel de ejecución actual en una tarea.
- *Creatividad:* Aunque una gran inteligencia no es sinónimo de un alto nivel de creatividad, esta depende de un cierto grado de la inteligencia.

Respecto a las medidas de intervención específicas, varias son las estrategias educativas de intervención que pueden aplicarse al alumnado de altas capacidades (Artola, 2011):

- *Aceleración:* Se trata de que el/la estudiante avance a través del sistema educativo a un ritmo más rápido que los demás y colocarle en un contexto curricular de dificultad más adecuado a sus posibilidades. Es decir «saltar de curso» a pesar de la edad, aunque también existe la posibilidad de acelerar solo algunas asignaturas. Aunque muchos autores consideran eficaz esta estrategia educativa, existe también cierto recelo por los posibles efectos negativos en el desarrollo emocional y social del/la niño/a, por lo que pocas instituciones optan por esta opción. Asímismo, los trámites administrativos para solicitar la flexibilización escolar son a menudo largos y complicados.
- *Agrupamiento:* Consiste agrupar al alumnado de altas capacidades en grupos homogéneos con otros/as de sus mismas capacidades. El agrupamiento puede llevarse a cabo en centros específicos o escuelas especiales, en aulas específicas dentro de la misma escuela, como agrupamiento parcial o temporal en un aula de apoyo o de manera flexible, formado por niños/as con distintos niveles. Esta estrategia permite que este alumnado puede trabajar con profesores/as especialistas que pueden estimular al/la niño/a en áreas concretas, e igualmente, ofrece la oportunidad de relacionarse y trabajar con otros/as alumnos/as de características similares a las suyas sin, a su vez, ser marginado/a o excluido/a del grupo de clase.
- *Enriquecimiento:* Es la estrategia más utilizada en nuestro sistema educativo y consiste en profundizar en los contenidos, las competencias y las habilidades del currículo ordinario adaptándolo al nivel de desarrollo

de este alumnado, impulsando de esta manera sus capacidades y permitiendo a la vez que se eduquen con sus compañeros/as en el aula ordinaria en grupos heterogéneos, con diversidad de talentos y capacidades.

Referencias bibliográficas

ANDRÉS, A. (1996). *Manual de psicología diferencial.* McGraw Hill.

ARTOLA, T. (2011). *Estrategias de intervención en el ámbito educativo para alumnos con altas capacidades.* Consejo General de la Psicología en España. <https://www.infocop.es/estrategias-de-intervencion-en-el-ambito-educativo-paraalumnos-con-altas-capacidades/?cn-reloaded=1%20CGPE>

BEAUJEAN, A. A., y N. F. BENSON (2019). The one and the many: Enduring legacies of Spearman and Thurstone on intelligence test score interpretation. *Applied Measurement in Education, 32*(3), 198-215. <https://doi.org/10.1080/08957347.2019.1619560>

BRODY, N. (2000). History of theories and measurements of intelligence . En R. J. Sternberg (ed.*), Handbook of Intelligence.* Cambridge University Press. <https://doi.org/10.1017/CBO9780511807947>

CALERO, M. D., M. B. GARCÍA y M. T. GÓMEZ (2007). *El alumno con sobredotación intelectual. Conceptualización, evaluación y respuesta educativa.* Sevilla, Junta de Andalucía, Consejería de Educación. <https://sidinico.usal.es/idocs/F8/FDO24886/libro_el_alumnado_con_sob redotacion.pdf>

COLOM, R., S. KARAMA, R. E. JUNG y R. J. HAIER (2010). Human intelligence and brain networks. *Dialogues in Clinical Neuroscience, 12*(4), 489-501. <https://www.tandfonline.com/doi/full/10.31887/DCNS.2010.12.4/rcolom >

CUEVAS-CARAVACA, E. (2016). *Psicología de la Educación. Manual del estudiante.* Fundación Universitaria San Antonio.

GARDNER, H. (1983). *Frames of mind: The theory of multiple intelligences.* Basic Books.

GARDNER, H., y T. HATCH (1989). Educational implications of the Theory of Multiple Intelligences. *Educational Researcher, 18*(8), 4-10.

<https://doi.org/10.3102/0013189X018008004>

GOLEMAN, D. (1996). *Inteligencia emocional*. Kairós.

GUILFORD, J. P. (1986). *La naturaleza de la inteligencia humana*. Paidós.

HERGENHAHN, B. R. (2001). *Introducción a la historia de la psicología*. Paraninfo.

JENSEN, A. R. (1998). *The g factor: the science of mental ability*. Praeger.

MCARDLE, J. J., y R. W. WOODCOCK (eds.) (2014). *Human Cognitive Abilities in Theory and Practice*. Psychology Press. <https://doi.org/10.4324/9781410603234>

MOLERO, C., E. SAÍZ y C. ESTEBAN (1998). Revisión histórica del concepto de *inteligencia:* una aproximación a la inteligencia emocional. *Revista Latinoamericana de Psicología, 1*(30), 11-30.

NEISSER, U., G. BOODOO, T. J. BOUCHARD, A. W. BOYKIN, N. BRODY, S. J. CECI, D. F. HALPERN, J. C. LOEHLIN, R. PERLOFF, R. J. STERNBERG y S. URBINA (1996). Intelligence: Knowns and unknowns. *American Psychologist, 51* (2), pp. 77-101. <https://doi.org/10.1037/0003-066X.51.2.77>

ROSAS, R., C. BOETTO y V. JORDAN (2005). *Introducción a la psicología de la inteligencia, 3.ª ed.* Ediciones Universidad Católica de Chile.

ROUSSEAU, L. (2021). «Neuromyths» and Multiple Intelligences (MI) Theory: A comment on Gardner, 2020. *Frontiers in Psychology, 12*, 720706.

SÁNCHEZ-ELVIRA, A., y P. J. AMOR (2005). Naturaleza y estructura de las diferencias individuales en inteligencia. En P. J. Amor, E. Fernández, M. Olmedo y A. Sánchez-Elvira. *Introducción al estudio de las diferencias individuales* (pp. 195-328). Editorial Sanz y Torres.

SAVI, A. O., M. MARSMAN, H. L. J. VAN DER MAAS y G. K. J. MARIS (2019). The Wiring of Intelligence. *Perspectives on Psychological Science, 14*(6), 1034-1061. <https://doi.org/10.1177/1745691619866447>

SHEARER, C. B., y J. M. KARANIAN (2017). The neuroscience of intelligence: Empirical support for the theory of multiple intelligences? *Trends in Neuroscience and Education, 6*, 211-223.

STERN, W. (1914). *The psychological methods of testing intelligence*. Warwick & York.

STERNBERG, R. J. (1999). The theory of successful intelligence. *Review of General Psychology, 3*, 292-316.

STERNBERG, R. J. (2003). *Wisdom, intelligence, and creativity synthesized*. Cambridge University Press.

THURSTONE, L. L. (1938). *Primary mental abilities*. University of Chicago Press.

THURSTONE, L. L. (1967). *La medición de la inteligencia, la aptitud y el interés*. Paidós.

TORREGO, J. C., M. BOAL, A. BUENO, E. CALVO, M. EXPÓSITO, I. MAÍLLO […] y A. RODRÍGUEZ (2011). *Alumnos con altas capacidades y aprendizaje cooperativo. Un modelo de respuesta educativa* (pp. 89-124). SM.

WOOLFOLK, A. (2014). *Psicología educativa*. Prentice-Hall.

8. Habilidades del pensamiento

8.1. Qué es el pensamiento

En el tema anterior se han planteado algunos interrogantes relativos a la inteligencia en el sentido de tratar de definirla («qué es» y, si es posible, modificarla «cómo entrenarla»), pero para el profesorado, esto debería ser una cuestión de interés secundario. En palabras de Tesouro (2006), lo verdaderamente importante es que el alumnado aprenda a pensar de una manera más crítica y creativa, que aprenda a ser más eficaz al solucionar problemas, al tomar decisiones, al conceptualizar, al planificar, al inventar, etc.

El papel prioritario en las escuelas debería ser, por tanto, la enseñanza de estrategias de aprendizaje y optimizar el rendimiento intelectual de nuestro alumnado enseñando habilidades del pensamiento, ya que los conocimientos específicos que impartimos en sí no tienen ningún sentido si no se tiene como fin último «saber pensar».

Tal y como sucede con otros constructos psicológicos, el término *pensamiento* resulta difícil de definir dada su complejidad conceptual. Si bien es cierto que históricamente cada corriente psicológica ha definido aquel concepto según su perspectiva, conceptualizándola bien como un proceso, una estructura o como una respuesta, se podría afirmar que, en general, la capacidad de pensar es una habilidad que tiene el ser humano y que resulta fundamental para su supervivencia (Martín y Valiña, 2003). De hecho, tal como señala Allueva (2011), el día a día de las personas está supeditado por la propia capacidad de pensar, puesto que es un proceso que utilizamos asiduamente para tomar decisiones, afrontar problemas y, en definitiva, para comprendernos a nosotros/as mismos/as y a lo que nos rodea. En este sentido, podemos considerar que pensar es «una función psíquica en virtud de la cual un individuo utiliza representaciones, estrategias y operaciones frente a situaciones de orden real, ideal o imaginario» (Arboleda, 2013, p. 6).

Considerando las perspectivas específicas de algunos de los principales autores del estudio del pensamiento, por un lado, cabe mencionar a Luria, discípulo de Vygotski (1996) y uno de los impulsores de la neuropsicología, que describió el pensamiento como un acto dinámico integral y cuyo instrumento fundamental para poder ejecutarse es la palabra. Por otro lado, el psicólogo americano Mayer (1986), lo definió básicamente como un proceso con el que manipular la información recibida, la cual previamente ha debido ser aprendida y potencialmente susceptible de ser recordada. En ambas conceptualizaciones, se puede observar que el pensamiento se caracteriza por ser un proceso esencialmente activo.

Como se puede deducir, el proceso del pensamiento es una capacidad mental de orden superior que puede adoptar diversas formas y ser dirigido hacia los diferentes objetivos y problemas que afrontamos tanto de manera rutinaria como excepcional, y es fundamental para que puedan darse otros fenómenos como son el aprendizaje, la creatividad y la adaptación a un entorno en constante cambio. En cuanto al ámbito educativo se refiere, enseñar a pensar a nuestro alumnado debería considerarse una competencia transversal elemental dada la gran relevancia que tiene para el desarrollo integral de toda persona. Sin embargo, tal y como criticó Allueva (2011), tradicionalmente el enfoque educativo se ha focalizado en promocionar formas del pensamiento basadas en la lógica y los análisis, propias del denominado *pensamiento convergente*, obviando otras formas de pensamiento caracterizadas por la flexibilidad, la creatividad y la imaginación como el *pensamiento divergente*.

8.2.   Habilidades del pensamiento

Una de las cuestiones más importantes en relación al pensamiento (como proceso y como producto final) es que no es algo inmutable sino, por el contrario, es susceptible de ser mejorado. En este sentido se resalta la importancia de lo que se han denominado *habilidades del pensamiento*. Las habilidades del pensamiento son un conjunto de competencias cognitivas que favorecen el uso adecuado y eficaz de los recursos cognitivos de los que disponemos, facilitando un mayor rendimiento del procesamiento de la información, la toma de decisiones y la resolución de problemas, entre otras tareas que requieren de actividad mental (Allueva, 2007).

Como futuros maestros, es importante entender la idea de que los procesos de enseñanza de nuestro alumnado se deben orientar más a fomentar habilidades del pensamiento, es decir, aprender a pensar por sí mismos, que en acumular conocimientos específicos de una determinada materia. Una enseñanza eficaz de las habilidades del pensamiento mejora la capacidad intelectual (Tesouro, 2006).

A continuación se describen tres habilidades del pensamiento fundamentales en la promoción del aprendizaje y enseñanza del propio proceso de pensamiento: el pensamiento convergente, el pensamiento divergente y la metacognición.

8.2.1. Pensamiento convergente

El pensamiento convergente es una habilidad del pensamiento que resulta clave para dar respuesta a preguntas, problemas y situaciones que requieren de una solución única y exacta. Se caracteriza por el uso de la lógica y de los conocimientos previos, dejando a un lado la imaginación y el pensamiento crítico. Se trata de un tipo de pensamiento racional y lógico, así como secuencial y vertical donde, además, la memoria juega un rol clave (Guilford, 1950).

A partir de su conceptualización y características, se deduce que el pensamiento convergente implica un proceso cognitivo consistente en una síntesis inicial donde la información relevante es filtrada y organizada, que resulta fundamental para llegar a la conclusión final correcta y resolver el problema (Cropley, 2006).

Esta habilidad del pensamiento resulta muy práctica y está presente en nuestro día a día, sin embargo, en cuanto al ámbito educativo se refiere, hay que destacar que es clave trabajarla dado que la gran mayoría de las tareas que se plantean se caracterizan precisamente por exigir una única solución correcta posible y bien definida.

Los tipos de preguntas que fomentan el pensamiento convergente son del tipo: «qué», «quién», «dónde», «cuándo», «cómo». En todas ellas se espera una sola respuesta (o un número limitado de estas), son generalmente memorísticas, no invitan a la reflexión o crítica y exigen un bajo nivel de pensamiento.

8.2.2. Pensamiento divergente

Por el contrario, el pensamiento divergente se define como una habilidad cognitiva que permite generar múltiples soluciones a un mismo problema, promoviendo el pensamiento creativo e imaginativo (Allueva, 2007). Se caracteriza por ser fluido, flexible, original y cultivar el afán de la inquietud e investigación (Guilford, 1967).

A diferencia del pensamiento convergente, que posee una naturaleza deductiva, el divergente es inductivo y resulta crucial tanto para la resolución de problemas complejos y/o nuevos como para el desarrollo de nuevas ideas. También es fundamental para aquellos problemas que, aunque se tengan conocimientos e información previa, es necesario llevar a cabo una reestructuración de la misma. La capacidad de pensar de manera divergente está asociada con la capacidad para hacer conexiones infrecuentes entre diferentes ideas y con la facilidad para poder ver más allá de las soluciones obvias (Benedek *et al.*, 2014; Guilford, 1967).

Cabe destacar que ambas habilidades del pensamiento no están enfrentadas ni una es superior respecto a la otra, sino que, por el contrario, son complementarias e igualmente necesarias. Por un lado, el pensamiento lateral (divergente) es de gran utilidad en la generación de ideas y nuevas formas de actuar, mientras que el pensamiento vertical (convergente) es clave en el establecimiento de juicios y aplicaciones prácticas. Por otro lado, el pensamiento divergente potencia la eficacia del pensamiento convergente al poner a su alcance una mayor variedad de ideas entre las que poder seleccionar, favoreciendo un mayor desempeño. Además, el pensamiento divergente tiende a aplicarse en fases anteriores a la ejecución del pensamiento lógico, ya que, al llevar a cabo una reestructuración previa tanto de la información disponible como de las diferentes estrategias de actuación, se está favoreciendo un mejor rendimiento del pensamiento lógico. Por esta razón, es importante promocionar desde edades tempranas, y a lo largo de todo el proceso vital, ambas habilidades cognitivas (Cancer et al., 2023; Cropley, 2006).

Los tipos de cuestionamientos que fomentan el pensamiento divergente exigen por lo general realizar una predicción, encontrar una relación causa-efecto, realizar una opinión o valoración subjetiva, emitir un juicio o una valoración razonada. Para este tipo de problemas no hay una única respuesta correcta, permiten expresar lo que uno piensa, invitan a un intercambio de opiniones y exige un pensamiento más abierto y constructivo.

8.2.3. Metacognición

Literalmente el término metacognición significa «cognición acerca de la propia cognición» o, dicho de otra manera, los conocimientos que tenemos sobre nuestros propios conocimientos, y se considera idiosincrática del ser humano (Woolfolk, 2014).

Las habilidades metacognitivas son clave en el aprendizaje, ya que supone tener «conciencia» y «control» de nuestros procesos cognitivos, es decir, reflexionar sobre nuestro pensamiento. Efectivamente, esta habilidad cognitiva de nivel superior nos permite reflexionar sobre el propio pensamiento, tanto como proceso como resultado, y una de sus funciones principales es la supervisión y regulación de las diferentes actividades cognitivas como pueden ser el razonamiento, cómo aprendemos y cómo estamos resolviendo un determinado problema (Metcalfe y Shimamura, 1994).

En definitiva, tal y como afirma Tesouro (2006), la metacognición representa una habilidad del pensamiento fundamental para el ser humano, ya que determina el control de nuestra propia actividad mental y la autorregulación de las facultades cognitivas que hacen posible el aprendizaje humano y la planificación de nuestra actuación inteligente.

En la aplicación de la metacognición, a la hora de resolver una determinada tarea, se deben tener en consideración tres tipos diferentes de conocimientos (Bruning *et al.*, 2004):

- *Conocimiento declarativo:* Hace referencia a cuáles son los objetivos de la tarea, de qué disponibilidad y plazos de tiempo se dispone, y qué recursos se poseen. Responde a la pregunta «¿qué tengo que hacer?».
- *Conocimiento procedimental:* Supone tomar conciencia de cuáles son los procedimientos y las estrategias que se tienen que utilizar para resolver el problema. Responde a la pregunta «¿cómo lo tengo que hacer?».
- *Conocimiento autorregulatorio:* Implica conocer las condiciones generales de la tarea, así como en qué momento y por qué razón se deben aplicar o utilizar lo diferentes recursos y estrategias de las que se dispone. Responde a la pregunta «¿cuándo y por qué?».

Por otro lado, a partir de las teorías de diferentes autores, la metacognición se puede descomponer en tres ejes fundamentales, los cuales se exponen a continuación (Brown, 1987; Flavell, 1979; Schneider y Shiffrin, 1977):

- *Conocimiento metacognitivo:* Este componente abarca el entendimiento que una persona tiene sobre sus propios procesos cognitivos y estrategias. Incluye el conocimiento sobre qué estrategias son efectivas para diferentes tareas y el reconocimiento de las propias fortalezas y debilidades cognitivas. Por ejemplo, un estudiante que sabe que aprende mejor a través de la práctica activa y que tiene dificultades con la memorización puede seleccionar técnicas de estudio que optimicen su aprendizaje.
- *Regulación metacognitiva:* Se refiere a la capacidad para planificar, monitorear y ajustar el proceso cognitivo durante la ejecución misma de la tarea. Esto incluye la planificación previa a la acción, la supervisión durante la tarea y la revisión posterior. Por ejemplo, un estudiante que está escribiendo un trabajo final de grado puede planificar cómo estructurará su argumentario en el apartado de discusión, monitorear el desarrollo de la introducción para confirmar que se está manteniendo el hilo conductor del tema principal, y en última instancia revisar la redacción del trabajo para realizar ajustes y mejoras.

- *Autoevaluación:* El tercer eje de la metacognición hace alusión a la capacidad que tenemos como seres pensantes de reflexionar sobre el propio desempeño y los resultados obtenidos en una determinada tarea. La autoevaluación juega un papel fundamental, tanto en el aprendizaje de manera general como en el rendimiento específico ante un determinado problema o cometido, dado que es lo que nos permite detectar qué estrategias utilizadas han funcionado correctamente y cuáles no. Esto, además, favorece una mejora de la adaptación y mejora continua ante eventos futuros. Por ejemplo, después de realizar un examen, un/a alumno/a puede hacer una valoración crítica sobre qué estrategias y técnicas de estudio han resultado ser más efectivas y cuáles necesiten ser ajustadas o modificadas para futuros exámenes.

Visto todo lo anterior, se puede afirmar que la metacognición juega un papel relevante para que se pueda dar el proceso del aprendizaje autónomo, así como también en la autorregulación, dado que nos permite gestionar de manera más adaptativa tanto los procesos cognitivos como, por ende, los emocionales. La literatura científica disponible sugiere que un elevado nivel metacognitivo favorece un mejor desempeño académico (Gul y Shehzad, 2012; Langdon *et al.,* 2019; Ohtani y Hisasaka, 2018). Finalmente, el beneficio de un adecuado desarrollo metacognitivo no solo se circunscribe al académico, sino que tiene un impacto directo en la calidad de vida de las personas dado que fomenta una mejor capacidad adaptativa para poder afrontar y resolver problemas y desafíos complejos en el día a día.

La metacognición puede ser desarrollada y practicada para, como decíamos, contribuir a la autonomía de nuestros estudiantes. Para ello, debemos ser capaces de evaluar nuestra propia forma de enseñar y de aprender para poder ayudar a nuestros alumnos a desarrollar esas estrategias.

En última instancia, y prestando especial atención al ámbito académico, hemos de esforzarnos en desarrollar y potenciar habilidades metacognitivas en nuestro alumnado para contribuir a su autonomía mediante estrategias como la reflexión guiada, la autoevaluación constante y el uso de recursos de planificación (Langdon *et al.,* 2019). Igualmente, debemos inculcarle desde edades tempranas la toma de conciencia sobre el funcionamiento de nuestro propio pensamiento, lo que les permitirá desarrollar una mayor capacitación para ser mejores aprendices gracias al desarrollo de una mente con mayor capacidad adaptativa, una perspectiva crítica de aquello que les rodea y, por último, mayor autoconsciencia.

Implementar la dimensión metacognitiva en el proceso de enseñanza-aprendizaje debería ser una prioridad para el profesorado. En este sentido, teniendo en cuenta tanto el nivel de ayuda que ofrece el/la profesor/a como el grado de autonomía que se otorga al/la alumno/a, se pueden aplicar las siguientes estrategias (Mateos 2001):

- *Instrucción específica:* El/la profesor/a proporciona información explícita sobre las estrategias a utilizar y a la vez explica el proceso de pensamiento que hay detrás de ella.
- *Práctica guiada:* El/la profesor/a actúa como guía en el camino hacia la autorregulación. Mediante un diálogo bidireccional se ayuda al estudiante para alcanzar metas que quedarían fuera de sus posibilidades sin esa ayuda.
- *Práctica colaborativa:* Se lleva a cabo en el contexto de la interacción con un grupo de iguales que colaboran para completar una tarea. El control de la actividad se traslada al grupo.
- *Practica individual:* Para aumentar la responsabilidad del alumnado se puede proponer un trabajo individual que puede apoyarse mediante guías de autointerrogación con las preguntas que uno/a mismo debería plantearse para regular su propia actuación durante la tarea.

Como conclusión general, podemos afirmar que la potenciación y el desarrollo de las habilidades del pensamiento (pensamiento convergente, pensamiento divergente y la metacognición) generan un flujo de pensamientos (fig. 8.1) muy eficaz al estar utilizando todos los recursos cognitivos de los que se dispone para la resolución de problemas (Allueva, 2011).

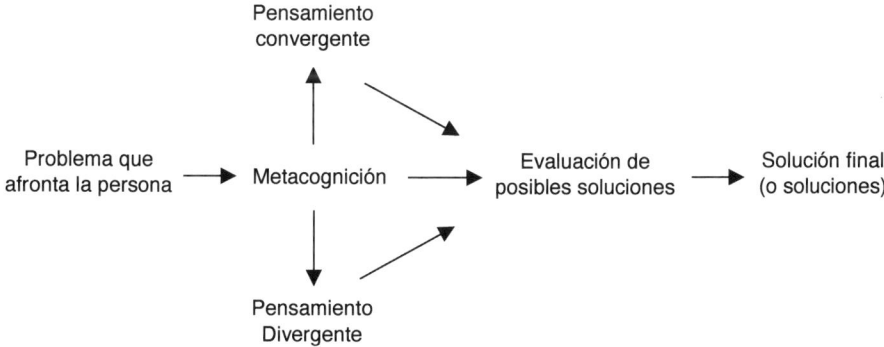

FIGURA 8.1. Proceso de resolución de problemas (adaptado de Allueva, 2011).

8.3. Estilos de pensamiento

Las personas por lo general tendemos a pensar y reflexionar sobre determinados asuntos y situaciones de una manera particular, característica y, a menudo, repetitiva. Según esta idea, un gran número de investigadores han propuesto la idea de la existencia de estilos de pensamiento.

Según Sternberg (1999), los estilos de pensamiento se pueden entender como formas específicas y diferenciadas de pensar. No son tanto una aptitud *per se,* sino precisamente la manera, o maneras, en la que operamos con nuestras aptitudes. No solemos caracterizarnos por utilizar un único estilo de pensamiento, sino por tener un perfil de estilos. Por tanto, dos individuos pueden tener un conjunto de aptitudes similares, pero diferenciarse respecto al estilo de pensamiento (Sternberg, 1999). Dicho de manera más sencilla, los estilos de pensamiento son la forma que hemos aprendido y, con la que nos sentimos cómodos/as, a la hora de procesar la información, tomar decisiones y resolver los problemas; no es lo bien que podemos hacer algo, sino cómo nos gusta hacerlo. Además, están influenciados tanto por factores innatos como ambientales (Sternberg y Zhang, 2001).

Igual que sucedía con los demás constructos psicológicos vistos en este capítulo, el desarrollo teórico y el estudio científico de los estilos de pensamiento ha sido fundamental en los campos de la psicológica y de la educación, destacándose principalmente la teoría del autogobierno mental elaborada por R. Sternberg, en la cual se propone un modelo constituido por trece estilos de pensamiento distintos que engloban las diversas maneras en las que los individuos podemos ejecutar la actividad intelectual (Sternberg, 1990).

8.3.1. Teoría del autogobierno mental

Literalmente el término *metacognición* significa «cognición acerca de la propia cognición» o, dicho de otra manera, los conocimientos que tenemos sobre nuestros propios conocimientos, y se considera idiosincrática del ser humano (Woolfolk, 2014).

Sternberg, en su *Teoría del autogobierno mental* propone que los estilos de pensamiento se pueden comparar con las formas en que los Gobiernos se organizan y toman decisiones. Según esta teoría, no hay un estilo de pensamiento que sea mejor o peor respecto a los demás, sino que la efectividad de un estilo depende del contexto y la tarea específica.

Inicialmente, la Teoría del Autogobierno Mental (Sternberg, 1997) identifica trece estilos de pensamiento agrupados en cinco dimensiones:

- *Funciones,* que contiene los estilos «legislativo» (preferencia por tareas que requieren crear, formular y planificar), «judicial» (opinar, valorar y criticar) y «ejecutivo» (implementar actividades estructuradas con instrucciones claras).
- *Formas,* que agrupa los estilos «monárquico» (preferencia por realizar una sola tarea cada vez), «jerárquico» (varias tareas a la vez con prioridades entre ellas en función de su valor), «oligárquico» (varias tareas a la vez, sin establecer prioridades entre ellas) y «anárquico» (evitar reglas o normas).
- *Niveles,* con los estilos «global» (preferencia por trabajar a nivel holístico) y «local» (trabajar sobre los detalles). Ámbito que agrupa los estilos «interno» (trabajar individualmente) y «externo» (trabajar en colaboración con otros).
- *Tendencias,* que contiene los estilos «conservador» (preferencia por trabajar con sistemas preestablecidos) y «liberal» (abordar las actividades de manera no convencional).

La teoría del autogobierno mental muestra aplicaciones significativas en el contexto educativo. Concretamente, el hecho de conocer, comprender y poder identificar los estilos de pensamiento de los/as distintos alumnos/as puede facilitar que los profesores y las profesoras adapten, en la medida de lo posible, sus estrategias de enseñanza a las necesidades y características individuales, favoreciéndose de esta manera un incremento en el rendimiento académico. La aplicación en el aula de estos postulados permite favorecer el desarrollo integral de las habilidades de los/as estudiantes, y dotar de un enfoque multidimensional al proceso educativo.

En cuanto al desarrollo integral de habilidades se refiere, cabe resaltar que el estilo educativo tradicional favorece indudablemente al estilo ejecutivo, caracterizado por preferir entornos significativamente estructurados y reglados, dejando de lado la posibilidad de que otros estudiantes puedan expresar sus conocimientos ni desarrollarse adecuadamente debido a su perfil de estilo de pensamiento diferente (López *et al.,* 2010). Por ejemplo, aquellos alumnos/as con un estilo de pensamiento jerárquico pueden destacar en tareas como la gestión de proyectos de grupo de elevada complejidad, que requieren organización y establecimiento de prioridades, mientras que otros, con un estilo de pensamiento judicial, pueden hacerlo en actividades cuyo valor sea la evaluación crítica y análisis detallado.

Por último, en relación con la posibilidad de dotar de un enfoque multidimensional al contexto educativo, se recomienda hacer hincapié en la importancia de que tanto los centros como los responsables educativos traten de reconocer y valorar la diversidad de estilos de pensamiento existentes, con sus características idiosincráticas, diseñando por tanto diferentes actividades y estrategias de enseñanza que favorezca un aprendizaje más significativo y personalizado, siendo conscientes de la complejidad de la realidad del día a día en las aulas. Pero resulta de gran importancia, por un lado, poder ofrecer a todo el estudiantado, independientemente de sus singularidades, la posibilidad de descubrir y potenciar sus fortalezas, mientras que por el otro se le presente desafíos para que pueda crecer en aquellas otras áreas menos dominantes (Zhang, 2001).

Referencias bibliográficas

ALLUEVA, P. (2007). Habilidades del pensamiento. En M. Leisa Orús, P. Allueva Torres y M. Puyuelo Simielo (eds.), *Libro de actas de las I Jornadas sobre Educación y Acceso a la Vida Adulta en Personas con Discapacidad* (pp. 133–150). Fundación Ramón J. Sender.

ALLUEVA, P. (2011). Aprender a pensar y enseñar a pensar. Proceso de resolución de problemas. En J. M. Román, M. A. Carbonero y J. D. Valdivieso (eds.), *Educación, aprendizaje y desarrollo en una sociedad multicultural* (pp. 4563-4572). Asociación de Psicología y Educación.

ARBOLEDA, J. C. (2013). Hacia un nuevo concepto de pensamiento y comprensión. *Boletín virtual Redipe*, 824. <https://dialnet.unirioja.es/servlet/articulo?codigo=4752610>

BENEDEK, M., E. JAUK, M. SOMMER, M. ARENDASY y A. C. NEUBAUER (2014). Intelligence, creativity, and cognitive control: The common and differential involvement of executive functions in intelligence and creativity. *Intelligence, 46,* 73-83. <https://doi.org/10.1016/j.intell.2014.05.007>

BROWN, A. L. (1987). Metacognition, executive control, self-regulation, and other more mysterious mechanism. En F. Weinert y R. Kluwe (eds.), *Metacognition, motivation, and understanding* (pp. 65-116). Erlbaum.

BRUNING, R. H., G. J. SCHRAW, M. M. NORBY y R. R. RONNING (2004). *Cognitive psychology and instruction*. Merrill.

CANCER, A., P. IANNELLO, C. SALVI y A. ANTONIETTI (2023). Executive functioning and divergent thinking predict creative problem-solving in young adults and elderlies.

Psychological Research, 87(2), 388-396. <https://doi.org/10.1007/s00426-022-01678-8>

CROPLEY, A. (2006). In praise of convergent thinking. *Creativity Research Journal, 18*(3), 391-404. <https://doi.org/10.1207/s15326934crj1803_13>

FLAVELL, J. H. (1979). Metacognition and cognitive monitoring: A new area of cognitive-developmental inquiry. *American Psychologist, 34*(10), 906-911. <https://doi.org/10.1037/0003-066X.34.10.906>

GUILFORD, J. P. (1950). Creativity. *American Psychologist, 5*(9), 444-454. <https://doi.org/10.1037/h0063487>

GUILFORD, J. P. (1967). *The nature of human intelligence* . McGraw Hill.

GUL, F., y S. SHEHZAD (2012). Relationship between metacognition, goal orientation and academic achievement. *Procedia-Social and Behavioral Sciences, 47*, 1864-1868. <https://doi.org/10.1016/j.sbspro.2012.06.914>

LANGDON, J., D. T. BOTNARU, M. WITTENBERG, A. J. RIGGS, J. MUTCHLER, M. SYNO y M. C. CACIULA (2019). Examining the effects of different teaching strategies on metacognition and academic performance. *Advances in Physiology Education, 43*(3), 414-422. <https://doi.org/10.1152/advan.00013.2018>

LÓPEZ, O., R. MARTÍN y L. MARTÍNEZ (2010). Estilos de pensamiento y creatividad (vol. 26). *Anales de Psicología, 26*(2), 254-258. <http://revistas.um.es/analesps>

MARTÍN, M., y M. D. VALIÑA (2003). Una aproximación histórica al estudio del pensamiento. *Revista de Historia de la Psicología, 24*(1), 93-117. <http://hdl.handle.net/10347/23256>

MATEOS, M. (2001). *Metacognición y educación*. Aique.

MAYER, R. E. (1986). *Pensamiento, resolución de problemas y cognición*. Paidós.

METCALFE, J., y A. P. SHIMAMURA (1994). *Metacognition: Knowing about Knowing*. The MIT Press. <https://doi.org/10.7551/mitpress/4561.001.0001>

OHTANI, K., y T. HISAKA (2018). Beyond intelligence: a meta-analytic review of the relationship among metacognition, intelligence, and academic performance. *Metacognition and Learning, 13*(2), 179-212. <https://doi.org/10.1007/s11409-018-9183-8>

SCHNEIDER, W., y R. M. SHIFFRIN (1977). Controlled and automatic human information processing: I. Detection, search, and attention. *Psychological Review, 84*(1), 1-66. <https://doi.org/10.1037/0033-295X.84.1.1>

STERNBERG, R. J. (1990). Intellectual styles: Theory and classroom implications. En B. Presseisen (ed.), *Learning and Thinking Styles: Classroom Applications*. National Education Association.

STERNBERG, R. J. (1997). *Thinking styles*. Cambridge University Press.

STERNBERG, R. J. (1999). *Estilos de pensamiento. Claves para identificar nuestro modo de pensar y enriquecer nuestra capacidad de reflexión*. Paidós.

STERNBERG, R. J., y L. ZHANG (eds.) (2001). *Perspectives on thinking, learning, and cognitive styles*. Lawrence Erlbaum Associates Publishers.

TESOURO, M. (2006). Enseñar a aprender a pensar en los centros educativos, incluso en las actividades de evaluación. *REIFOP, 9*(1).

VYGOTSKY, L. S. (1996). *El desarrollo de los procesos psicológicos superiores*. Crítica.

WOOLFOLK, A. (2014). *Psicología educativa*. Prentice-Hall.

ZHANG, L. F. (2001). Do thinking styles contribute to academic achievement beyond selfrated abilities? *Journal of Psychology: Interdisciplinary and Applied, 135*(6), 621-637. <https://doi.org/10.1080/00223980109603724>

Índice